Buntspecht
Gimpel
Sumpfmeise
Kohlmeise
Kernbeißer
Kleiber

kosmos Naturführer

Detlef Singer

Vogeltreffpunkt Futterhaus

Vögel am Futterplatz bestimmen und sinnvoll füttern

Kosmos
Gesellschaft der Naturfreunde
Franckh'sche Verlagshandlung
Stuttgart

Mit 123 Farbfotos von Adam, F. (S. 23, 30re), Brandl, H.-D. (S. 14, 24u, 31, 35, 85, 89u), Brossette, B. (S. 190), Danegger, M. (S. 2/3, 13, 15u, 17, 20, 24, 27, 28, 29, 32, 34, 37u, 39, 42, 43, 54, 56, 60u, 64, 67, 73, 92, 100, 106, 107o, 107u, 109, 110, 114, 118), Diedrich, J. (S. 61o), Frind, Th. (S. 44, 51u, 72li, 90), Halling, S. (S. 48), Landesbund für Vogelschutz Hilpoltstein (S. 81), Limbrunner, A. (S. 15o, 16o, 58, 61u, 69u, 76, 77, 88, 99, 103, 104, 105, 112), Meyers, S. (S. 25o, 101o), Moosrainer, G. (S. 94, 102), Nill, D. (S. 72re, 87, 115, 117), Partsch, H. (S. 19u, 26, 53, 66, 74), Reinhard, H. (S. 21, 79, 95, 97, 111), Sauer, F. (S. 41li, 41re), Sauer, G. (S. 40o, 40u), Schrempp, H. (S. 49u), Singer, D. (S. 69o, 98, 101u, 108), Walz, U. (S. 49o, 57u, 59), Weber, J. (S. 65, 119), Wendl, G. (S. 30li, 33, 36, 47, 50, 52, 55, 57o, 70, 84, 89o, 113, 116), Wothe, K. (S. 18, 37o, 71, 82, 91), Zeininger, P. (S. 22, 38, 45, 46, 51o, 62, 58, 75, 80, 83, 86, 93) sowie 13 Farbzeichnungen und 10 Schwarzweißzeichnungen von Steffen Walentowitz und 13 Symbolzeichnungen von Marianne Golte-Bechtle.

Umschlag von Kaselow-Design, München, unter Verwendung einer Aufnahme von Manfred Danegger.

CIP-Kurztitelaufnahme der Deutschen Bibliothek

Singer, Detlef:
Vogeltreffpunkt Futterhaus : Vögel am Futterplatz bestimmen u. sinnvoll füttern / Detlef Singer. – Stuttgart : Franckh, 1987.
(Kosmos-Naturführer)
ISBN 3-440-05797-6

Franckh'sche Verlagshandlung, W. Keller & Co., Stuttgart / 1987

L 14 He / ISBN 3-440-05797-6
Printed in Germany / Imprimé en Allemagne.
Satz: G. Müller, Heilbronn
Herstellung: Sellier Druck, Freising

Vogeltreffpunkt Futterhaus

Zum Umgang mit diesem Buch

Im vorliegenden Naturführer sind alle Vogelarten abgebildet und beschrieben, die wir im Winter häufig oder mit etwas Glück durch geeignete Fütterung anlokken können. In vielen Fällen sind die häufigen Arten jeweils in mehreren Fotos dargestellt, um auf das je nach Geschlecht, Jahreszeit und Alter verschiedene Aussehen hinzuweisen und/oder auf bestimmte Verhaltensweisen aufmerksam zu machen, die wir am Futterplatz beobachten können. Die Symbole über dem Farbfoto sollen auf einen Blick informieren, welches Futter für die betreffende Vogelart am besten geeignet ist. Dabei bedeutet:

Geschrotetes Getreide, Dreschabfälle

Getrocknete Beeren

Obst

Haferflocken

Weichfutter mit Insekten

Fettfutter, Talg

Nüsse

Körner, feine Samen

Brot

Mäuse

Vögel

Fische

Fleisch

Die Artbeschreibung der Wintervögel im Bestimmungsteil erfolgt nach deren Auftreten an den verschiedenartigen Fütterungs-Typen:

Fütterungen rund ums Haus (Seite 13–77),
Gelegentliche Gäste am Futterhaus (Seite 79–96)
Vogelfütterung am Wasser (Seite 97–110)
Futterplätze in Wald und Feld (Seite 111–119)

Im Anschluß daran werden auf einer Farbtafel einige Vogelarten in ihrem natürlichen Lebensraum vorgestellt, die kaum von menschlichen Futtergaben profitieren und trotzdem bei uns den Winter überstehen.

Die Texte im Bestimmungsteil enthalten alles Wissenswerte zum Bestimmen und Kennenlernen der verschiedenen Vogelarten.

Unter dem Stichwort Aussehen sind in Ergänzung zu den Farbfotos Größe und Kennzeichen des Vogels im Winter beschrieben; auf das Weibchenkleid wird dann eingegangen, wenn es sich von dem des Männchens unterscheidet. Bei Arten, die bereits im zeitigen Frühjahr im Brutkleid zu sehen sind, wird dieses ebenfalls beschrieben.

Das Stichwort Stimme erläutert die für die Bestimmung am Futterplatz bedeutsamen Lautäußerungen; bei Arten, die den Winter über oder bereits im zeitigen Frühjahr singen, ist auch der arttypische Gesang beschrieben.

Das Stichwort Vorkommen beschreibt die Arten von Lebensräumen, in denen der betreffende Vogel im Winterhalbjahr beobachtet werden kann.
Einige der im Sommer häufigen Vogelarten sind während der Wintermonate auffallend selten, andere Vogelarten können nicht in allen Wintermonaten gleich häufig beobachtet werden. Die Angehörigen mancher Vogelarten, die uns im Winter besuchen, treten sogar in aufeinanderfolgenden Jahren in ganz unterschiedlicher Häufigkeit auf. Der Grund all dieser ins Auge fallenden Bestandsschwankungen ist die Tatsache, daß nicht nur Zugvögel, sondern auch viele der bei uns im Winter anzutreffenden Arten ein mehr oder weniger ausgeprägtes Zugverhalten zeigen. Man unterscheidet hier:
Wintergast: Vogelart, deren Angehörige ihre Brutgebiete im hohen Norden haben und nur im Winterhalbjahr bei uns in Mitteleuropa anzutreffen sind. Ein großer Teil dieser Vögel zieht im Herbst weiter in wärmere Länder und erscheint erst im Frühjahr wieder bei uns (Durchzügler); im Hochwinter halten sich daher viel weniger Vögel dieser Arten bei uns auf. Ihre Anzahl wechselt auch von Jahr zu Jahr und erreicht in manchen Wintern außergewöhnliche Höhen. Man spricht dann von Invasionen.
Teilzieher: Vogelart, bei der ein Teil der Individuen im Herbst in ein Winterquartier abzieht, der andere Teil jedoch im Brutgebiet überwintert.
Jahresvogel: Vogelart, deren Angehörige keine Zugvögel sind, sondern auch den Winter über im Brutgebiet verbleiben.

Verhalten: Unter diesem Stichwort sind verschiedene Verhaltensweisen unserer Vögel beschrieben, die wir regelmäßig an der winterlichen Futterstelle oder im natürlichen Lebensraum beobachten können.

Der allgemeine Teil des Buches beginnt mit einer kritischen Betrachtung über Sinn und Unsinn der Winterfütterung und deren Bedeutung im Rahmen des Vogel- und Naturschutzes. Im Anschluß daran folgen Ratschläge für zeitgemäßes und maßvolles Füttern, eine Auswahl verschiedener Fütterungsgeräte (Zeichnungen) und eine Anleitung für eine universell verwendbare Fettfuttermischung, die mit wenig Aufwand und Kosten selbst hergestellt werden kann.

Ist Winterfütterung sinnvoll?

Jedes Jahr, wenn der erste Schnee gefallen ist und die Amseln und Kohlmeisen mit dick aufgeplustertem Gefieder in den verschneiten Büschen und Bäumen sitzen, haben wir das Bedürfnis, diesen Vögeln zu helfen. Unterstützt wird unsere Hilfsbereitschaft durch ein großes Angebot an Futterhäuschen und Vogelfutter in den Auslagen vieler Geschäfte. Glaubt man der Werbung einiger Hersteller von Vogelfutter und vielen Tierfreunden, so bekommt man den Eindruck, daß alle Vögel hoffnungslos verloren wären, wenn sie nicht den ganzen Winter über von uns gefüttert werden.

Auf der anderen Seite gibt es viele Kritiker, die die Winterfütterung als unsinnig und unbiologisch ablehnen; sie wünschen sich viel mehr, daß mit dem aufgewendeten Geld – alljährlich mehrere Millionen Mark – Schutzgebiete für wirklich bedrohte Tier- und Pflanzenarten angekauft werden. Doch was soll nun der Laie von alledem halten? Soll er jetzt füttern oder nicht? Auf jeden Fall ist die Winterfütterung neben dem Aufhängen von Nistkästen die populärste Vogelschutzmaßnahme. Allerdings sollte sich der einzelne dabei bewußt sein, daß die allermeisten Vogelarten, denen die Winterfütterung zugute kommt, keineswegs bedroht, sondern überall häufig anzutreffen sind. Auch sind diese Vögel nicht deswegen so häufig, weil sie im Winter von uns Menschen gefüttert werden; in Gegenden ohne Futterplätze sind diese Arten nicht seltener.

Weiterhin sollte man sich darüber im klaren sein, daß das Argument „Alle Vögel, die bei uns überwintern, müssen ohne Futtergaben hungern", nicht stimmt. Gerade unsere kleinsten und zartesten Vögel, die nur 5 Gramm schweren Wintergoldhähnchen, überstehen sogar die schneereichen und bis zu −40 Grad kalten Wintermonate Nordskandinaviens ohne unsere Futtergaben.

Ein weiteres Argument, das die Befürworter der Winterfütterung immer wieder anführen, ist die Bestandszunahme der Vögel als Folge unserer Fütterung; dies ist nicht haltbar. Denn wenn zu viele Vögel einer Art den Winter überlebt haben, kommt es im nächsten Jahr zu verstärkter Konkurrenz um Nahrung und geeignete Brutreviere. Der Effekt ist, daß pro Paar weniger Junge aufgezogen werden. Andererseits finden höhlenbrütende Zugvögel oft alle geeigneten Nisthöhlen besetzt vor, wenn sie im späten Frühjahr aus ihren Winterquartieren zurückkehren. Es ist sogar denkbar, daß für manche Zugvogelarten durch diese unnatürliche Situation auch eine ernsthafte Nahrungskonkurrenz entsteht.

Auch sollte man bedenken, daß man mit der Winterfütterung eigentlich der Natur „ins Handwerk pfuscht". Der Winter ist eben die Zeit der Auslese; jetzt wird dafür gesorgt, daß im folgenden Jahr nur die tüchtigsten Individuen zur Fortpflanzung gelangen. Gerade diesen Effekt verhindern wir aber durch unsere Futtergaben; die Folgen für die Lebenstüchtigkeit der Arten auf längere Sicht sind möglicherweise gravierend. Schließlich sollte nicht unerwähnt bleiben, daß durch unsachgemäße Winterfüt-

terung alljährlich viele Vögel sterben, die ohne Fütterung überlebt hätten.
Von den Kritikern der Winterfütterung wird also mit Recht beklagt, daß für die Verköstigung überall häufiger Vogelarten alljährlich Millionen ausgegeben werden, während für die Rettung wirklich bedrohter Arten oft kein Geld zur Verfügung steht. In der Tat sind viele bei uns in ihrem Bestand gefährdete Vogelarten Zugvögel, die ohnehin von den Fütterungsmaßnahmen nicht erreicht werden können. Oder es sind Arten, die an bestimmte Lebensräume außerhalb der Siedlungen gebunden sind. Diese Vögel sind vor allem durch die Zerstörung ihrer Brut- und Rastgebiete bedroht.

Winterfütterung ja – aber mit Sachverstand

Trotz aller Gegenargumente helfen wir jedoch mit der Winterfütterung vielen Singvögeln, besser durch die kalten Monate zu kommen. Das sind vor allem Kulturfolger, die sich in Generationen an unsere Futtergabe gewöhnt haben. Auch können wir durch artgerechte Fütterung in extrem harten Wintern bei manchen Vogelarten größere Bestandseinbußen verhindern. Voraussetzung ist allerdings, daß wir in Maßen und mit Sachverstand füttern. Darüber hinaus erfüllt die Winterfütterung auch einen wichtigen Zweck, der nicht primär den Vögeln, sondern uns Menschen zugute kommt: An den Futterstellen sind die Möglichkeiten zur Beobachtung freilebender Vögel oft ganz ausgezeichnet. Vielfach stellt die Winterfütterung für die verstädterten Menschen die einzige Gelegenheit dar, in Kontakt mit der Natur zu kommen. Gerade für Kinder ist es ungeheuer erlebnisreich, Vögel aus direkter Nähe zu beobachten. Ihr Interesse für die Bedürfnisse der Vögel wird dadurch geweckt und damit Verständnis für die Notwendigkeit des Vogelschutzes. Viele Erkenntnisse aus der Verhaltensforschung wurden durch Beobachtung frei lebender Vögel gewonnen, wie sie auch am Futterplatz jederzeit möglich ist. Man hat auch schon festgestellt, daß sich das Füttern und Beobachten der Vögel positiv auf den Heilerfolg mancher Krankheit auswirkt, denn die damit verbundene Freude fördert die Genesung. Da ein maßvolles und sachgerechtes Füttern für die Vögel unschädlich ist, braucht man auch nicht darauf zu verzichten.

Futterhaus oder freihängende Futterstelle?

Dekorative Futterhäuschen sind oft die Schmuckstücke des Gartens oder Balkons. Sie haben aber den entscheidenden Nachteil, daß ihre Säuberung viel Arbeit macht. Um die Gefahr der Krankheitsübertragung möglichst gering zu halten, sollten wir das Futter dort auf einer abwaschbaren Folie servieren und diese alle paar Tage reinigen. Viel weniger Probleme machen siloartige Futtergeräte, in denen das Futter nicht verschmutzt werden kann und stets nachrutscht. Ebenso hygienisch sind alle hängenden Futtergeräte, die außerdem den Vorteil haben, daß wir sie mit wenig Aufwand selbst herstellen können.

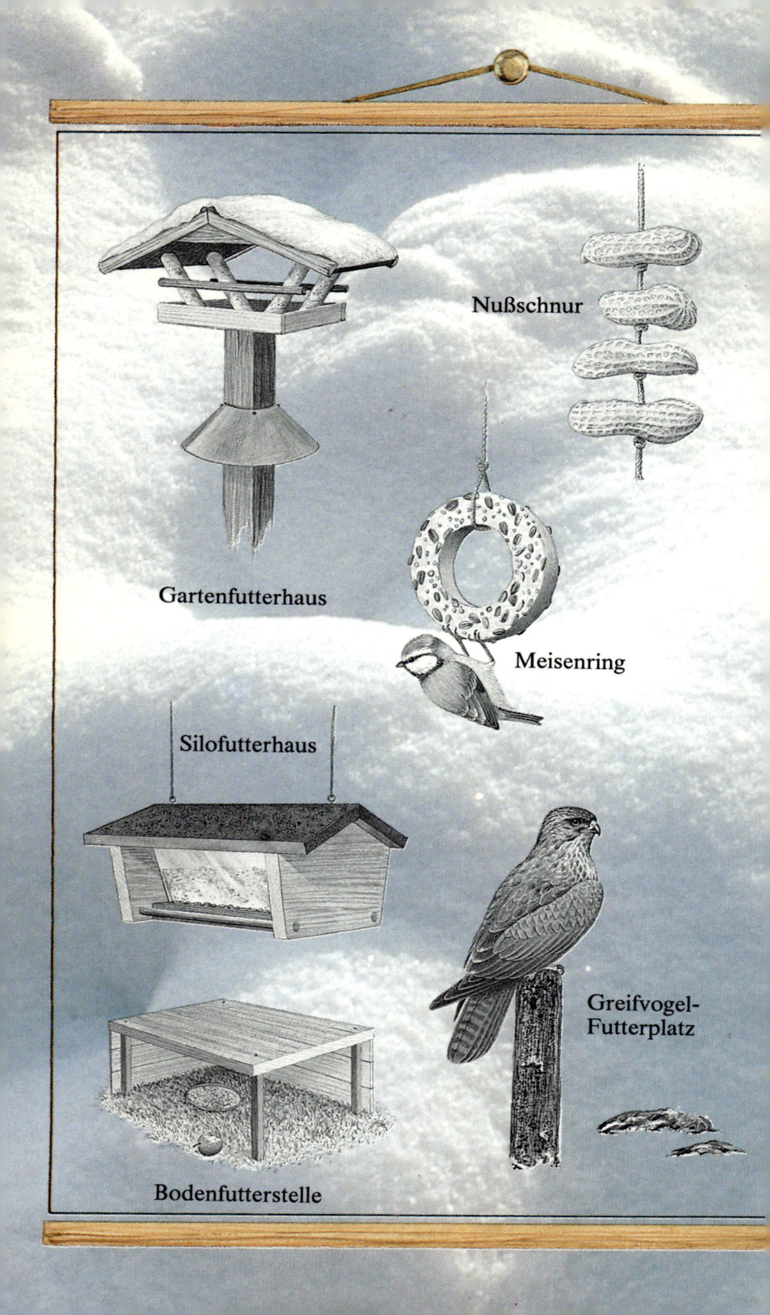
Nußschnur
Gartenfutterhaus
Meisenring
Silofutterhaus
Greifvogel-
Futterplatz
Bodenfutterstelle

Futternetz
Fettfuttermasse in Kokosnuß
Fensterfutterhaus
Fettfuttermasse im Blumentopf

Futterstellen am Boden

Drosseln, Rotkehlchen, Heckenbraunellen, Buch- und Bergfinken fliegen nicht so gerne in ein Futterhäuschen, sondern suchen sich ihr Futter lieber auf dem Boden. Oft picken sie die Futterreste auf, die von Meisen und Grünlingen aus dem Häuschen geworfen wurden. Wir schützen sie am besten vor Katzen, indem wir ihre Futterstelle teilweise mit dornigen Zweigen bedecken. Für Fasane und Rebhühner, aber auch Goldammern und Feldlerchen können wir in der Feldflur im Schutz einer Hecke ebenfalls eine Bodenfütterung einrichten; gegen die Wetterseite hin sollte die Anlage geschlossen sein. Wichtig ist hierbei, daß wir unser Vorhaben mit dem Revierinhaber besprechen, denn Fasane und Rebhühner gehören zum jagdbaren Wild.

Füttere nie bei milder Witterung, denn die Gefahr, daß sich dann Krankheitserreger stark vermehren, ist groß. Auf keinen Fall während der Aufzuchtzeit der Jungen, denn diese vertragen nur zarte Insekten, aber keine Sonnenblumenkerne!

Füttere nie große Mengen auf einmal, sondern lieber maßvoll und regelmäßig.

Das Futter darf auf keinen Fall naß werden, da sich sonst darin Krankheitserreger vermehren können, die zum Vogelsterben führen.

Das Futter darf nicht mit Kot in Berührung kommen, da sonst kranke Vögel die anderen anstecken können.

Bei Auffinden von toten Vögeln am Futterplatz sofort die Fütterung einstellen, alle Futterreste entfernen und das Häuschen desinfizieren.

Essensreste oder gesalzene Speisen sind als Vogelfutter ungeeignet.

Stelle das Futterhäuschen nie so auf, daß sich Katzen unbemerkt anschleichen können.

Fütterungen rund ums Haus

Blaumeise

Parus caeruleus

Familie Meisen

Aussehen: Kleiner und rundlicher als die Kohlmeise, mit kürzerem Schnabel. Der einzige Kleinvogel bei uns mit blau-gelbem Gefieder. Das Weibchen ist etwas weniger intensiv gefärbt.
Stimme: Häufig hört man den Erregungsruf, ein nasales, ansteigendes „tserrretetet“, oft auch ein zartes „tui“, „tsi-tsi-tsi“ oder – etwas rauher – „dschäd“. Die Gesangsstrophen der Blaumeise, sehr hell und rein klingende „zizizi-zirr“ oder „zi-zi-zi-tütütü“, sind oft schon an warmen Februartagen zu hören.
Vorkommen: Häufig in Laub- und Mischwäldern, Parks und Gärten; die größte Dichte erreichen Blaumeisen im Eichenwald.
Verhalten: Blaumeisen suchen ihre Nahrung meistens an dünnen Zweigenden hängend; dementsprechend bevorzugen sie am Futterplatz die Meisenknödel und -ringe. Trotz ihrer geringen

Fütterung

Blaumeisen haben eine Vorliebe für fetthaltiges Futter, daher reicht man ihnen am besten Nüsse, Talg, feine Samen und Fettfutter.

Größe sind sie häufig recht aggressiv und vertreiben oft gleich große Arten wie Tannen- und Sumpfmeisen vom Futterhaus; manchmal setzen sie sich sogar gegen die viel stärkeren Kohlmeisen durch (Foto unten), denn mit ihrem kurzen, kräftigen Schnabel können sie erstaunlich fest zubeißen. Neben der meisenüblichen Art des Samenöffnens durch Behämmern der Schale beherrschen Blaumeisen noch eine weitere Methode: Sie ritzen die Schale mit ihrem scharfen Schnabel ein und beißen sie dann Stück für Stück auf.

Kohlmeise

Parus major

Familie Meisen

Aussehen: Größte einheimische Meise, wird fast so groß wie ein Haussperling. An ihrem schwarzen Kopf mit weißen Wangen und am gelben Bauch mit schwarzem Mittelstreif ist sie leicht zu erkennen; beim Männchen reicht der Streif bis zum Unterschwanz, beim Weibchen ist er schmaler und reicht nur bis zum Bauch. (Männchen S. 17 oberer Vogel, unten rechts Tannenmeise.)

Stimme: Häufig hört man ein buchfinkenartiges „pink“ oder „zipink“, daneben auch „zituit“, „zizidäh“ oder gedehnt „siii“, bei Alarm schimpft sie schnarrend „tscher-r-r-r“. Kohlmeisen ahmen häufig die Rufe anderer Meisenarten nach, beispielsweise die der Blau-, Sumpf- und Tannenmeisen. Der Gesang ist oft schon im Spätwinter zu hören, er besteht aus einfachen Strophen von ständig wiederholten Motiven und klingt wie „zi-zi-be-zi-zi-be“ oder „zipe-zipe-zipe“.

Vorkommen: Die Kohlmeise ist überall häufig, man trifft sie sogar mitten in der Großstadt an, wenn wenigstens ein paar Bäume und Büsche vorhanden sind; sie erscheint an fast allen Futterhäuschen, besonders in der Nähe von

Wald, Parkanlagen und Gebüsch. In Parks und lichtem Mischwald erreicht sie ihre höchste Dichte, dagegen ist sie in geschlossenem Fichtenwald selten.

Verhalten: Am Futterhaus können wir die verschiedenen Verhaltensweisen der Kohlmeisen gut beobachten: Meistens fliegt nur eine Meise an, orientiert sich kurz, pickt schnell ein Körnchen auf und verschwindet wieder. Kaum ist die eine Kohlmeise abgeflogen, landet bereits eine andere, um sich wiederum ein einziges Korn zu holen. Wenn zwei Kohlmeisen gleichzeitig die Futterstelle anfliegen, dann verschwindet die Unterlegene sofort wieder; im allgemeinen sind die dominanten Vögel die Männchen, die unterlegenen die Weibchen.

Um die häufigen Streitereien möglichst gering zu halten, ist es ratsam, mehrere kleine Fütterungen anzubieten.

Fütterung

Sonnenblumenkerne, Hanfsamen, Nüsse (Erd-, Hasel- oder Walnüsse), Talg, Meisenknödel und -ringe.

Man kann leicht beobachten, wie Kohlmeisen mit erbeuteten Samen verfahren: Zunächst einmal fliegen sie damit auf einen Ast. Dann nehmen sie den Kern zwischen die Zehen beider Füße und beginnen, ihn mit kräftigen Schnabelhieben zu bearbeiten; sie hämmern so lange auf den Kern ein, bis ein kleines Loch entsteht. Wie Elektronenblitz-Aufnahmen beweisen, benutzt die Kohlmeise – wie auch alle anderen „echten" Meisen – dazu nur ihren Oberschnabel.

Tannenmeise

Parus ater

Familie Meisen

Aussehen: Kleinste, einheimische Meise, in der Kopffärbung ähnelt sie etwas der Kohlmeise, doch weist ihr Gefieder nur im Jugendkleid Gelb auf. Kennzeichnend ist ein länglicher, weißer Fleck im Nacken.

Stimme: Tannenmeisen halten untereinander fast ständig Kontakt mit hohen und dünnen Rufen wie „si" oder „zizizi", bei Erregung hört man hohe, nasale „tüi" oder „sitjü", bei Auftauchen eines Sperbers warnen sie hoch und sehr schnell „sisisisi". Das ganze Jahr über hört man ihre zarten Gesangsstrophen: „zewizewizewi" oder „sitüsitüsitü". Auch die Weibchen singen.

Vorkommen: Hauptsächlich in Fichtenwald, auch in Tannen- und – seltener – in Kiefernwald; auch in Nadelwaldinseln inmitten von Laubwald. Besucht häufig Futterstellen, die in der direkten Nähe von Nadelwald liegen, vor allem an Waldrändern und in Parks mit älterem Nadelbaumbestand. Im Gebirge trifft man Tannenmeisen bis zur Baumgrenze an.

Verhalten: Tannenmeisen finden ihre Nahrung – Insekten und deren Entwicklungsstadien –

meist hoch oben in den Fichten turnend; in Jahren mit reichlichem Angebot an Fichtenzapfen verzehren sie sehr viele Fichtensamen und sind dann viel seltener an den Futterstellen anzutreffen. Wenn sie nicht gestört werden, verstecken Tannenmeisen ähnlich den Sumpfmeisen Samen und Kerne; sie wählen dazu die äußersten Bereiche an dichten Nadelzweigen, denn dort suchen sie auch sonst ihre Nahrung. Außerdem sind die Körnchen hier vor den anderen Meisenarten sicher, da diese nicht an solchen exponierten Stellen suchen. Tannenmeisen scheinen vor dem Menschen keine allzu große Angst zu haben, denn sie sind in der Regel die ersten, die auf die Hand kommen, wenn ihnen darauf Futter angeboten wird. Besonders auf Friedhöfen und in Kurgebieten kommen Tannenmeisen häufig auf die Hand.

Fütterung

Nimmt gerne Sonnenblumenkerne, Hanfsamen und Nüsse (Erd-, Wal- und Haselnüsse).

Sumpfmeise

Parus palustris

Familie Meisen

Aussehen: Kleine, graue Meise („Graumeise“), von der Größe einer Blaumeise; kennzeichnend sind die glänzend-schwarze Kopfkappe, die bis in den Nacken reicht, der kleine, schwarze Kehllatz und die weißen Wangen. Die Flanken sind rahmfarben, heller als bei der sehr ähnlichen Weidenmeise.

Stimme: Sumpfmeisen sind sehr stimmfreudig; häufig hört man kurze Rufe wie „pistjü“, „zidjä“ oder – bei stärkerer Erregung – „pistjü dädädä“. Häufig imitieren Kohlmeisen die Sumpfmeisenrufe. Schon ab Februar sind die Gesangsstrophen der Sumpfmeisen zu hören: relativ eintönige Folgen, die wie „zjezjezje …“, „tjitjitji …“ oder „ziwüd ziwüd ziwüd“ klingen.

Vorkommen: Im Gegensatz zu ihrem Namen ist die Sumpfmeise weniger im Sumpf anzutreffen als in Auwäldern, Laub- und Mischwäldern, Feldgehölzen und in Parks. Im Winter kommt sie auch in die Gärten und besucht die Futterstellen, wenn ausreichend Gebüsch und Bäume vorhanden sind.

Verhalten: Die quicklebendigen

Sumpfmeisen erscheinen in der Regel paarweise am Futterhaus; allerdings gibt es dann auch gleichgeschlechtliche „Paare", die den Winter über zusammenhalten, denn die Geschlechter sind nahezu gleich gefärbt. Erst im Frühjahr, wenn die Männchen zu singen beginnen, trennen sich die „falschen" Paare wieder. Sumpfmeisen sind den Kohl- und Blaumeisen zwar kräftemäßig unterlegen, aber sie sind so flink, daß sie die kurzen Augenblicke nutzen können, an dem das Futterhaus gerade frei ist, und sich so ihren Anteil sichern. Dabei fliegen die Paare fortwährend zum Futterplatz und tragen Samen um Samen fort. Sie nehmen jedoch, anders als andere Meisen, jeweils mehrere Samen mit; von Hanfsamen beispielsweise passen bis zu drei Stück in den Schnabel. Die Samen werden jedoch nicht gleich verzehrt, sondern in geeignete Verstecke transportiert; dies können Astgabeln, Rindenspalten, dürre Blätter oder altes Laub am Boden sein. Jedes Körnchen erhält sein eigenes Versteck, wird oft aber nicht mehr gefunden.

Fütterung

Den Winter über ernähren sich Sumpfmeisen hauptsächlich von Samen verschiedener Kräuter und Gräser. Am Futterhaus nehmen sie am liebsten Hanfsamen und Sonnenblumenkerne, aber auch Erdnüsse. Fett ist dagegen viel weniger beliebt.

Haubenmeise
Parus cristatus
Familie Meisen

Aussehen: An ihrer spitzen, schwarz-weiß geschuppten Federhaube ist die Haubenmeise leicht zu erkennen; die Oberseite ist braun, die Unterseite schmutzigweiß gefärbt.
Stimme: Meistens wird man auf diese Meise erst durch ihre schnurrend-rollenden Rufe aufmerksam: „ürrr-r“ oder „zizigürrr-r“.
Vorkommen: Noch mehr als die Tannenmeise an Nadelwald gebunden, bewohnt jedoch auch kleine Nadelwaldinseln inmitten von Laubwald. Sie lebt vorwiegend in Kiefern- und Fichtenwald, im Gebirge kommt sie bis zur Baumgrenze vor; außerhalb der Brutzeit streifen die Vögel bis in Höhen von 2300 m umher. Meistens sind Haubenmeisen sehr standorttreu und bleiben das ganze Jahr über in ihrem Brutrevier.
Ihre bevorzugte Nahrung – kleine

Fütterung
Meisenringe und -knödel, Hanfsamen, Talg, Nüsse (Erd-, Hasel- und Walnüsse), Sonnenblumenkerne.

Insekten, deren Entwicklungsstadien und Spinnen – suchen Haubenmeisen meist hoch in den Bäumen. Im Winter verzehren sie auch Kiefernsamen.
Verhalten: Haubenmeisen besuchen Futterstellen nur, wenn Nadelbäume in direkter Nähe vorhanden sind, also meistens an Waldrändern oder Parks mit älterem Nadelbaumbestand. Entsprechend ihrer nur geringen sozialen Veranlagung sind sie auch nicht so zahlreich an Futterstellen anzutreffen wie Kohl- und Blaumeisen; meistens treten sie paarweise auf. Wie auch die Sumpfmeise sammelt die Haubenmeise Vorräte; als Verstecke dazu dienen ihr kleine Ritzen hinter der rissigen Rinde von Nadelbäumen.

Kleiber

Sitta europaea

Familie Kleiber

Aussehen: Etwa so groß wie ein Haussperling; leicht erkennbar an der gedrungenen Gestalt mit kurzem Schwanz, langem, schwarzem Augenstreif und starkem, spechtartigem Schnabel. Männchen und Weibchen sind ähnlich gefärbt, beim Männchen sind Flanken und Unterschwanzdecken intensiv kastanienbraun, beim Weibchen blaßbraun.

Stimme: Das ganze Jahr über hört man von den Kleibern schallende „tuittuit tuit"-Rufe, bei einer Störung schimpfen sie durchdringend „tititirri". Ihr Gesang ist weit hörbar und recht gut nachzupfeifen; schon ab Ende Februar grenzen die Männchen ihre Reviere mit lauten, pfeifenden und trillernden Strophen ab: „wiwiwiwiwi ...", „tuituituitui ..." oder „trirrr".

Verhalten: Kleiber sind auf das Klettern an der Baumrinde spezialisiert, sie laufen auch an der Unterseite von Ästen und sogar stammabwärts mit dem Kopf nach unten. In dieser Haltung können sie allerdings nicht senkrecht nach unten laufen, sondern nur schräg im Zickzackkurs; dabei ist einer der kräftigen Füße weiter oben festgekrallt und hält

den Körper. Kleiber sind Höhlenbrüter; ihren Namen verdanken sie der Fähigkeit, zu große Höhleneingänge mit feuchtem Lehm soweit zuzumauern, daß sie gerade noch selbst durchschlüpfen können; durch diesen Trick halten sie sich größere Konkurrenten vom Leibe. Kleiber sind wenig gesellig und leben das ganze Jahr über paarweise in festen Revieren, die sie auch im Winter gegen Artgenossen verteidigen. Häufig besuchen die Paare Futterhäuschen, Voraussetzung ist allerdings das Vorhandensein von älteren Bäumen in direkter Nähe.

Am Futterplatz sind Kleiber aufgrund ihrer Robustheit allen kleineren und den meisten der gleich großen Arten überlegen. (Auf S. 27 im Kampf mit einer Kohlmeise!) Wenn ein anderer Vogel nicht sofort das Feld räumt, wird er vehement angegriffen. Nur manchen Grünlingen gelingt es, sich gegen die aggressiven Kleiber erfolgreich zur Wehr zu setzen, indem sie einfach zurückdrohen. Kleiber sind wie Sumpf- und Tannenmeisen Vorratssammler. In ihrem langen Schnabel können sie zwei bis drei Sonnenblumenkerne gleichzeitig unterbringen.

Damit fliegen sie zu geeigneten Bäumen, verstecken die Beute in Ritzen und Spalten der Rinde, dann hämmern sie den Samen mit dem Schnabel fest; um das Versteck vor dem Zugriff der anderen Vögel zu schützen, tarnen sie es mit Rindenstückchen, Flechten oder Moos. Da die Kleiber sehr reviertreu sind, finden sie auf ihren Streifzügen immer wieder eines ihrer Verstecke. Gefundene Haselnüsse werden in geeignete Spalten eingeklemmt und kräftig behämmert, bis die Schale entzweigebrochen ist; die Klopfgeräusche sind dabei so laut, daß man einen Specht vermutet.

Fütterung

Natürlicherweise ernähren sich Kleiber von Insekten und deren Larven, die sie in den Ritzen und Spalten der Baumrinde aufstöbern. Als Futter bietet man ihnen am besten Sonnenblumenkerne, Hanfsamen und Nüsse an.

Gartenbaumläufer
Certhia brachydactyla
Familie Baumläufer

Aussehen: Blaumeisengroßer, oberseits rindenfarbiger Vogel mit langem, gebogenem Schnabel und langem Stützschwanz. Unterseite weißlich mit zart bräunlichen Flanken (s. auch S. 31).
Stimme: Ruft häufig laut und hoch „tüt“ oder „tüt tüt tüt“, manchmal auch hoch „srie“. Sein Gesang ist eine kurze und laute Strophe aus ansteigenden, hohen und feinen Pfeiftönen wie „tütütütiroiti“.
Vorkommen: Recht häufig in lichtem Laub- und Mischwald, auch in Parks und Gärten mit älterem Baumbestand.

Waldbaumläufer
Certhia familiaris
Familie Baumläufer

Aussehen: Sehr ähnlich wie der Gartenbaumläufer, aber mit kürzerem Schnabel, deutlicher ausgeprägtem Überaugenstreif und reinweißer Unterseite.
Stimme: Ruft hoch und scharf „srii“, oft gereiht, bei Gefahr „sriitsitsitsi“. Die Gesangsstrophen sind länger und leiser als beim Gartenbaumläufer, eine abfallende, zweiteilige Reihe von hohen Tönen.
Vorkommen: Bewohnt geschlossenen Nadelwald, auch dichte Fichtenbestände; seltener in Parks und Gärten als die Zwillingsart.

Verhalten: Baumläufer klettern bei der Nahrungssuche in kleinen Sprüngen an Baumstämmen hoch; oben angekommen fliegen sie zum Fuß eines anderen Baumes, um erneut aufwärts zu klettern. Sie sind wenig gesellig, bilden jedoch im Winter regelmäßig Schlafgemeinschaften an regengeschützten Plätzen, z. B. unter dem Dach einer Hütte; dort versammeln sich allabendlich oft 10 und mehr Baumläufer, um eng zusammengekuschelt der winterlichen Kälte zu trotzen. Meistens liegt der Schlafplatz in der Nähe einer ergiebigen Futterquelle. Weitaus die meisten Baumläufer müssen den Winter ohne Futtergaben des Menschen überstehen; sie ernähren sich von kleinen Insekten, die sich zum Überwintern in der Rinde oder zwischen Baumflechten versteckt haben.

Fütterung

Eine Mischung aus Rindertalg und Kleie (S. 78) wird einfach an Baumrinde gestrichen, man kann aber auch Weichfutter für Insektenfresser verwenden.

Heckenbraunelle

Prunella modularis

Familie Braunellen

Aussehen: Ähnelt dem Haussperling, ist jedoch schlanker und hat einen feinen Schnabel. Kopf und Brust sind bleigrau.

Stimme: Ruft bei Erregung hoch pfeifend „zieh“, im Flug ist oft ein hohes, reines „dididi“ zu hören. Der Gesang ist von heller Klangfarbe, wohlklingend und wird eilig zwitschernd vorgetragen. Er erinnert an das Quietschen eines ungeölten Rades. Bereits ab März sind die Strophen zu hören.

Vorkommen: Häufig in Nadel- und Mischwäldern, Parks und Gärten mit dichtem Bewuchs. Im Gebirge bis in die Latschenregion. – Teilzieher.

Verhalten: Einige Heckenbraunellen überwintern bei uns, die Mehrzahl von ihnen zieht jedoch in wärmere Gebiete. Am Futterplatz halten sich diese deckungsliebenden Vögel meist am Boden auf und sind daher leicht zu übersehen; sie hüpfen in geduckter Haltung und picken kleine Samen auf, die von den anderen Futterhausgästen aus dem Vogelhäuschen herausgeschleudert wurden.

Fütterung

Feine Samen (Mohn), Rosinen, Obst, Weichfutter.

Rotkehlchen

Erithacus rubecula
Familie Sänger

Aussehen: Knapp sperlingsgroß, rundlich und langbeinig, leicht an der roten Kehle und Brust erkennbar; auffallend sind auch die großen, dunklen Augen.
Stimme: Bei Störung ruft es scharf „zick“, oft in schneller Folge (Schnickern), bei Gefahr aus der Luft warnt es hoch und durchdringend „zieh“. Den Gesang, eine herabperlende, klare und feierliche Tonreihe, hört man oft sogar noch im Spätherbst und Winter.
Vorkommen: Häufig in unterholzreichen Wäldern, in Parks und Gärten mit Bäumen oder Gebüsch. Teilzieher, einige Rotkehlchen überwintern bei uns.
Verhalten: Rotkehlchen sind ausgeprägte Einzelgänger, die auch im Winter feste Reviere haben und keine Konkurrenz dulden. Dem Menschen gegenüber sind diese Vögel nicht scheu.

Fütterung

Rotkehlchen suchen ihre Nahrung vorwiegend auf dem Boden; daher sollte man ihnen das Futter (Rosinen, getrocknete Beeren, in Öl eingetauchte Haferflocken und Weichfutter) an einer regengeschützten Stelle am Boden anbieten.

Wacholderdrossel

Turdus pilaris

Familie Sänger

Aussehen: Etwas größer als die Amsel, auffallend kontrastreich gefärbt. Im Flug sind die weißen Unterflügel sichtbar.
Stimme: Im Flug rufen Wacholderdrosseln oft laut und rauh „trarrat“ oder „schak schak schak“, bei Gefahr warnen sie schnarrend „trrtrrtrrt“. Der Gesang ist nicht sehr melodisch, ein schwätzendes und gepreßtes Zwitschern mit harten und schrillen Tönen durchsetzt.
Vorkommen: Relativ häufig in der Kulturlandschaft, in Dörfern, Parks und Gärten mit Baumbestand oder Gebüsch.
Verhalten: Die Wacholderdrosseln kommen meistens erst am Ende des Winters zu den Futterstellen, da dann ihre wichtigsten Nahrungsquellen – Beeren und Fallobst – allmählich versiegen. Im Verhalten ähneln sie den Amseln, als Schwarmvögel sind sie jedoch viel weniger aggressiv gegeneinander und sitzen oft beim Fressen dicht an dicht.

Fütterung

Getrocknete Beeren, Obst, Rosinen, kurz in Öl eingetauchte Haferflocken, Nüsse, Weichfutter.

Amsel
Turdus merula
Familie Sänger

Aussehen: Gefieder des Männchens einheitlich schwarz, des Weibchens (S. 40 unten, S. 41 rechts) dunkelbraun; nur beim Männchen sind Schnabel und Augenring leuchtend gelb. Recht häufig sieht man Amseln mit weißen Gefiederpartien.
Stimme: Oft hört man ein hartes „duk duk duk“ oder „dak dak dak“, bei stärkerer Erregung „tix tix“ oder metallisch „tsink tsink“, das sich zu einem schrillen Zetern steigern kann. Der Amselgesang, bereits ab Februar zu hören, ist volltönend und laut, von flötendem und orgelndem Klangcharakter; die verschiedenen Strophen, die ziemlich langsam vorgetragen werden, enden meist mit etwas höheren, gepreßt zwitschernden Lauten; Imitationen menschlicher Pfiffe kommen recht häufig vor.
Vorkommen: Einstmals ein scheuer Waldvogel, heute einer der häufigsten Vögel in Parks und Gärten und sogar in kleinen Grünanlagen mitten in der Großstadt. Teilzieher, ein Teil des Amselbestandes zieht im Herbst Richtung Süden und Südwesten weg.
Verhalten: Die Amseln suchen

wie alle Drosseln ihre Nahrung am liebsten auf dem Boden; in nicht zu strengen Wintern finden sie im Laub unter Bäumen und Büschen immer noch Schnecken, Würmer, Käfer und Insektenlarven. Es ist also wichtig, altes Laub als Nahrungsreservoir für unsere Vögel im Garten liegenzulassen! Am Futterplatz sind Amseln oft streitsüchtig und jagen einander, aber auch andere Vögel, vom Futter weg. Am wenigsten Streit gibt es, wenn die Amseln auf dem Boden mehrere kleine Portionen Futter vorfinden; dann kommen sie sich nicht so leicht in die Quere, so daß auch die jüngeren Männchen und die Weibchen – die immer die Unterlegenen sind – zu ihrem Recht kommen; außerdem lassen sie dann den kleineren Arten den Vortritt am Futterhaus.

Fütterung

Am besten reicht man den Amseln in Öl eingetauchte Haferflocken, Rosinen, getrocknete Beeren, Obst, Nüsse, Weich- und Fettfutter.

Buchfink

Fringilla coelebs
Familie Finken

Aussehen: Etwa sperlingsgroß; in allen Kleidern leicht erkennbar an den auffälligen, weißen Flügelabzeichen, die besonders im Flug zur Geltung kommen. Männchen recht bunt mit blaugrauem Kopf und rötlichbrauner Unterseite, im Winter jedoch deutlich blasser, die Unterseite ist dann bräunlichgrau. Das Weibchen (nicht abgebildet) ist stets unauffällig bräunlich gefärbt.
Stimme: Buchfinken warnen mit kurzen und lauten „pink“-Rufen, die an Kohlmeisenrufe erinnern; bei Erregung hört man oft ein weiches „füid“ oder ein rhythmisch wiederholtes „wrrüt“ (Regenruf), beim Auffliegen ein kurzes „jüb“. Der Gesang ist schon ab Ende Februar an schönen Tagen zu hören: Eine laut schmetternde, abfallende Strophe mit betontem Schlußteil.
Vorkommen: Buchfinken sind überall häufig, wo es Bäume gibt, in Wäldern aller Art, Gehölzen, Parks, Gärten und Anlagen.
Teilzieher, die meisten Weibchen ziehen im Spätherbst in mildere Gebiete.
Verhalten: Auch an günstigen Futterplätzen erscheinen Buchfinken nur in geringer Zahl; es

sind meistens die Männchen, die hier auch ihr Brutrevier haben. In der Regel sind sie ziemlich scheu und haben nicht nur vor dem Menschen Angst, sondern lassen sich auch von den meisten anderen Vögeln vom Futter vertreiben. Oft sieht man sie unterhalb der Futterhäuser Nahrung suchen; sie trippeln mit ruckartigen Kopfbewegungen und picken die Körnchen auf, die von anderen Vögeln aus dem Häuschen geschleudert wurden. Mit Bergfinken sind sie recht häufig vergesellschaftet; meistens ziehen Buchfinken die Randbereiche von futtersuchenden Vogelscharen vor, um bei Gefahr sofort flüchten zu können.

Fütterung

Buchfinken ernähren sich im Winter von den Samen verschiedener Bäume, Kräuter und Gräser. Man füttert am besten kleine Samen (Sonnenblumenkerne sind schon etwas zu groß), geschrotetes Getreide, gehackte Nüsse und getrocknete Beeren.

Bergfink

Fringilla montifringilla
Familie Finken

Aussehen: So groß wie ein Buchfink, wirkt aber etwas kräftiger; im Winterkleid sind Kopf und Vorderrücken des Männchens bräunlichgrau geschuppt (Foto S. 44); diese Partien werden im zeitigen Frühjahr durch Abnutzung der hellen Federsäume allmählich schwarz (Brutkleid, Foto S. 46). Weibchen weniger kontrastreich gefärbt (Foto S. 45). Bergfinken erkennt man vor allem beim Auffliegen am weißen Bürzel.

Stimme: Der Bergfink hat auffallend quäkende Rufe: „dschäe“ oder „kwäig“; von fliegenden Vögeln ist oft ein kurzes „jäk“ zu hören. Gelegentlich singen die Männchen schon an warmen Märztagen, ihr Gesang erinnert an den des Grünlings und an die Geräusche einer Kreissäge „dsäää“ oder „schwää“.

Vorkommen: Bei uns trifft man Bergfinken vor allem in Buchenwäldern an, aber auch auf Feldern, in Gärten und Parks, wo sie dann häufig die Futterhäuser besuchen.

Verhalten: Die Vögel brüten in den Wäldern des hohen Nordens: Ihr Nest, ein tiefer Napf aus Moos, Gräsern, Spinnweben und Haaren, innen mit Flechten und

Federn ausgekleidet, ist etwas größer und fester gebaut als ein Buchfinkennest; es wird meist in 3–8 Meter Höhe in einer Birke oder einem Nadelbaum angelegt. Im Herbst kommen die Bergfinken auf ihrem Zug nach Süden durch Mitteleuropa; hier verweilen sie für kurz oder länger, um dann in südlicher Richtung weiterzuziehen. Bucheckern stellen im Winterhalbjahr eine wichtige Nahrungsquelle für die Bergfinken dar; dementsprechend fliegen die Schwärme zur Nahrungssuche in die Buchenwälder. In Jahren mit besonders reichem Bucheckervorkommen treten diese nordischen Finken dann in Millionenstärke auf – zu den Bergfinken aus Skandinavien gesellen sich dann Schwär-

Fütterung

Bergfinken haben kräftigere Schnäbel als Buchfinken und können im Gegensatz zu diesen auch größere Samen mühelos enthülsen. Man gibt ihnen am besten Sonnenblumenkerne, geschrotetes Getreide, gehackte Nüsse und getrocknete Beeren.

me aus sibirischen Brutgebieten. Gelegentlich kommt es in solchen „Invasionsjahren“ in der Nähe von Buchenwäldern zu Behinderungen im Straßenverkehr, denn die aus menschenleeren Gegenden stammenden Vögel sitzen dann zu Tausenden auf den Fahrbahnen. Viele von ihnen werden überfahren oder sterben an aufgepickten Streusalz-Körnern.

Um bei hoher Schneelage an die begehrten Bucheckern zu gelangen, bedienen sich die Bergfinken einer Methode, die erst vor kurzem aufgeklärt werden konnte: Sie flattern mit halbgeöffneten Flügeln auf dem lockeren Schnee, als wollten sie baden, und legen so den Waldboden „stückchenweise“ frei; als Beweis ihrer Wühltätigkeiten bleiben im Schnee trichterförmige Vertiefungen zurück. In der Regel erscheinen Bergfinken erst im Frühjahr in größerer Zahl an den Futterhäusern, denn dann sind die meisten von ihnen bereits auf dem Heimzug in ihre Brutgebiete; wenn zu dieser Zeit noch einmal Neuschnee fällt, kann man ihnen mit entsprechenden Futtergaben helfen.

Grünling

Carduelis chloris

Familie Finken

Aussehen: Gedrungener, gelbgrüner Fink von Sperlingsgröße, mit kräftigem Körnerfresserschnabel; die auffälligen, gelben Flügelspiegel sind vor allem im Flug sichtbar. Das Weibchen ist überwiegend graugrün gefärbt, die gelbe Flügelzeichnung ist deutlich blasser und weniger ausgedehnt (Foto S. 48).

Stimme: Beim Abflug rufen Grünlinge oft klingelnd „gügügü", bei Beunruhigung warnen sie mit nasalen „diu"- oder gedehnten „dschwuit"-Rufen, bei Auseinandersetzungen schimpfen sie häufig schnarrend „tsrr". Bereits ab Februar fangen die Grünlinge an zu singen: Kanarienartig klingelnde und trillernde Touren von unterschiedlichem Tempo, dazwischen melodische Pfeif- und gedehnte „dejäieh"-Laute (Schwunschen). Grünlinge singen oft im Singflug mit stark verlangsamten Flügelschlägen und hin und her taumelnd wie eine Fledermaus.

Vorkommen: Überall häufig in abwechslungsreicher Kulturlandschaft mit Hecken, Waldrändern und lichten Mischwäldern, in Dörfern, Parks und Gärten und sogar mitten in der Großstadt,

wenn dort nur einige Bäume oder Büsche stehen.

Verhalten: Grünlinge sind vielerorts neben der Amsel die häufigsten Futterhausgäste. Sie haben einen gesegneten Appetit, und wenige von ihnen können das für eine ganze Vogelschar bemessene Futter eines Häuschens in kurzer Zeit vertilgen. Sie sitzen dann behäbig mitten im Futter und fressen, bis sie gesättigt sind – ganz im Gegensatz zu den meisten anderen Gästen, die sich ein oder zwei Körnchen nehmen und damit erst einmal verschwinden. Auch die große Streitsucht der Grünlinge gegenüber den übrigen Futterhausgästen trägt dazu bei, daß diese Finken nicht überall gerne gesehen sind; wenn der Grünling beim Fressen von einem anderen Vogel gestört wird, nimmt er die typische Drohhal-

Fütterung

Sonnenblumenkerne, Hanfsamen, geschrotetes Getreide, gehackte Nüsse, getrocknete Beeren.

tung ein: Die Flügel sind erhoben und etwas geöffnet, der Schwanz ist leicht gespreizt und der Schnabel weit geöffnet. In dieser Haltung werden die gelben Abzeichen an Flügeln und Schwanz präsentiert, was vermutlich als optisches Signal die Drohwirkung verstärken soll. Gegen einen Artgenossen wird diese Drohhaltung nur eingesetzt, wenn dieser sehr nahe rückt; häufig fressen mehrere Grünlinge einträchtig nebeneinander. Grünlinge sind meistens nicht sehr scheu und fliegen nach einer Störung schnell wieder zum Futterplatz zurück.

Zeisig

Carduelis spinus

Familie Finken

Aussehen: Deutlich kleiner als ein Haussperling. Gefieder grünlich-gelb. Männchen (S. 50, 51 oben) leicht an der schwarzen Kopfplatte und dem kleinen schwarzen Kinnfleck zu erkennen, Weibchen (S. 51 unten) graugrün und viel stärker gestrichelt. Im Flug sieht man oft die schwarz-gelbe Flügelfärbung.
Stimme: Um Zeisige zu entdecken, muß man ihre Rufe kennen, denn sonst fallen diese kleinen Finken nur wenig auf; im Flug hört man häufig wehmütige, auf der ersten Silbe betonte „tüli"- oder „diäh"-Rufe; sitzende Vögel machen sich durch „tet" oder „tetetet" bemerkbar. Die Gesangsstrophen, die schon ab Ende Januar an sonnigen Tagen zu hören sind, klingen sehr fröhlich:

Fütterung

Zeisige ernähren sich natürlicherweise von Samen der Erle und Birke, aber auch von Distel-, Ampfer-, Löwenzahn- und Mädesüßsamen. Als Futter reicht man ihnen feine Samen wie Mohn, Hirse, Rübsen oder das käufliche Waldvogelfutter.

Ein eiliges Zwitschern, mit Flugrufen und Imitationen anderer Vogelarten vermischt und am Ende mit einem gedehnten Quetschlaut. Singt meist hoch auf den Bäumen, oft auch in fledermausartigem Singflug.

<u>Vorkommen:</u> Zeisige brüten in Fichten- und Mischwäldern, vor allem in Bergwäldern bis zur Baumgrenze. Als Durchzügler und Wintergäste treten sie häufig in Schwärmen im Tiefland auf und besuchen besonders im Spätwinter die Futterhäuser. Hier kann man sie auch nach Meisenmanier an hängenden Futtergeräten klettern sehen.

Gimpel

Pyrrhula pyrrhula

Familie Finken

Aussehen: Gedrungen und plump, etwas größer als ein Haussperling; weiterhin sind der schwarze Kegelschnabel, die schwarze Kopfkappe und der beim Auffliegen deutlich sichtbare, weiße Bürzel auffallend. Männchen mit leuchtend rosenroter Unterseite, Weibchen (S. 53) unterseits bräunlichgrau.

Stimme: Gimpelrufe sind leicht nachzupfeifen; oft hört man ein melodisches, weiches „djü“ oder „wüp“, beim Abflug ein leises „büt büt“. Der Gesang ist dagegen nur selten zu hören, da er unauffällig ist und leise vorgetragen wird: Ein pfeifendes und zwitscherndes Geplauder mit eingestreuten Lockrufen und gepreßten Tönen, die eher einen Bauchredner als einen Singvogel vermuten lassen. Er dient wohl hauptsächlich dem Paarzusammenhalt, denn er ist das ganze Jahr zu hören. In Gefangenschaft lernen Gimpel, Melodien exakt nachzupfeifen.

Vorkommen: Ziemlich häufig in Nadel- und Mischwäldern, an Waldrändern, in Parks, Friedhöfen und Gärten.

Verhalten: Gimpel sind wenig scheu und lassen sich daher auch

leicht beobachten. Sie leben meist paarweise, im Winter schließen sich mehrere Paare zu einem kleinen Trupp zusammen und streifen umher. Die Vögel sind aufgrund der immer verfügbaren Knospennahrung nicht auf Futterhäuschen angewiesen; an vielen Fütterungen erscheinen sie regelmäßig, andere wiederum lassen sie völlig unbeachtet. Sie lassen sich offensichtlich nicht so leicht von anderen Vogelarten zum Futterplatz locken, sondern reagieren erst, wenn ein Artgenosse eine ergiebige Futterquelle entdeckt hat. Im Gegensatz zu vielen anderen Vogelarten sind Gimpel ausgesprochen friedfertig; sie verteidigen nicht ständig ihr Territorium, im Futterhäuschen fressen oft viele von ihnen gemeinsam, ohne sich ständig gegenseitig anzudrohen.

Fütterung

Gimpel ernähren sich vor allem von den Samen der Bäume und verschiedener Kräuter; eine besondere Vorliebe haben sie für Knospen (Blatt- und Blütenknospen). Als Futter reicht man ihnen Sonnenblumenkerne, getrocknete Beeren, gehackte Nüsse, geschrotetes Getreide und Waldvogelfutter.

Kernbeißer
Coccothraustes coccothraustes
Familie Finken

Aussehen: Deutlich größer als der Haussperling, gedrungen und dickköpfig, mit kräftigem, klobigem Schnabel – im Winter hornfarben (Foto S. 54), im Sommer (S. 55) blaugrau; Gefieder sehr bunt, beim Weibchen jedoch blasser. Das weiße Schwanzende, beim Auffliegen oft zu sehen, ist auffallend.

Stimme: Durch die kurzen und scharfen „zicks"-Rufe wird man häufig auf sitzende oder fliegende Kernbeißer aufmerksam, daneben hört man auch ein hohes „jichz" und etwas gedehnt „ziek". Der Gesang ist unbedeutend und selten zu hören: Eine abgehackt klingende und klirrende Aneinanderreihung von variierten Rufen und nasalen Lauten.

Vorkommen: Recht häufig in Laub- und Mischwald, besonders mit Buche, Hainbuche und Ahorn, auch in Parks und Gärten mit Laubbaumbestand.

Verhalten: Kernbeißer fliegen schnell und geradlinig, oft in Baumkronenhöhe, dabei scheinen die weißen Flügelpartien hell durch. Wie die Gimpel sind sie im Winter eigentlich nicht auf Futtergaben des Menschen angewiesen, da Baumsamen, ihre Haupt-

nahrung, stets zur Verfügung stehen. Entsprechend ihrer Lebensweise hoch oben in den Baumkronen besuchen sie gerne Fütterungen, die an Hochhäusern plaziert sind; aber auch an bodennahen Futterhäusern erscheinen diese scheuen Finken gelegentlich, sofern diese nicht mitten in der Stadt liegen. Aufgrund seines furchterregenden Schnabels hat es der Kernbeißer nicht schwer, die übrigen Futterhausgäste in respektvoller Entfernung zu halten, er braucht zu diesem Zweck nicht einmal zu drohen.

Fütterung

Ernährt sich vor allem von Baumsamen (Ahorn, Hainbuche), Knospen und Kernen von Steinobst, z. B. Kirschkernen, die er mit seinem klobigen Schnabel aufknackt. Als Futter bietet man am besten Sonnenblumenkerne, Hanfsamen, Nüsse und geschrotetes Getreide.

Goldammer

Emberiza citrinella
Familie Ammern

Aussehen: Schlank und langschwänzig, etwas größer als der Haussperling; beim Männchen Kopf und Unterseite auffallend gelb, Weibchen (Foto S. 57) und Jungvögel weniger gelb, stärker gestreift. Beim Auffliegen sind der zimtbraune Bürzel und die weißen Schwanzkanten oft deutlich zu sehen.
Stimme: Typisch ist ein kurzes „zrik" oder „trs", beim Abflug hört man oft ein trillerndes „tirr". Der Gesang, eine kurze, melancholische Strophe wie „zizizizi-zizii-düh" oder „wie wie wie hab ich Dich lieb", ist oft schon im Februar zu hören.
Vorkommen: Häufig in offener Kulturlandschaft mit Hecken, Feldgehölzen, an Waldrändern und in Fichtenschonungen.
Verhalten: Goldammern streifen im Winter in kleinen Trupps umher und kommen dann oft in die Dörfer und an Stadtränder. Ihre Nahrung suchen sie vor allem auf dem Boden; das Futter streut man daher am besten an nässegeschützte Stellen am Boden aus.

Fütterung

Haferflocken, geschrotetes Getreide, Grassamen, Hirse, Mohn.

Haussperling
Passer domesticus
Familie Sperlinge

Aussehen: Männchen recht kontrastreich gefärbt, Weibchen (Foto S. 59) und Jungvögel unscheinbar graubraun.
Stimme: Aufgeregte Hausspatzen schimpfen mit durchdringendem „tetetetet" oder „tsched-tsched", ihre Flugrufe klingen wie „tschuib" oder „dschlue". Das allbekannte, rhythmische Tschilpen „tschilp tschelp tschilp …" ist seiner Funktion nach der Gesang.
Vorkommen: Überall dort, wo es Häuser gibt; sehr häufiger Kulturfolger in Dörfern und Städten.
Verhalten: Haussperlinge sind sehr gesellig, sie treten oft in lärmenden Trupps auf, die einander ständig verfolgen. Sie sind einerseits sehr vorsichtig, andererseits überaus findig und nützen jede sich bietende Futterquelle sofort aus. Unerwünschte Spatzen hält man von Futterhäusern auf Dauer nur fern, wenn man den Zugang so gestaltet, daß sie nicht mehr hindurchpassen; diese Maßnahme schließt natürlich auch andere, gleich große oder größere Futterhausgäste aus.

Fütterung
Haferflocken, Getreide, kleine Samen.

Feldsperling

Passer montanus

Familie Sperlinge

Aussehen: Schlanker als der Haussperling; am kastanienbraunen Oberkopf und Nacken und dem schwarzen Ohrfleck leicht zu erkennen. Männchen und Weibchen gleich gefärbt.

Stimme: Bei Erregung und im Flug hört man oft ein hartes „tek tek tek", das auch mit „zwit" kombiniert werden kann. Der Gesang ist wie beim Haussperling ein rhythmisches, stammelndes Tschilpen, klingt jedoch etwas geräuschhafter und ist kürzer.

Vorkommen: Ein Bewohner der offenen Kulturlandschaft mit Hecken, Feldgehölzen, Obstgärten, auch in Parks und an Stadt- und Dorfrändern, aber weit weniger an Siedlungen gebunden als der Haussperling.

Verhalten: Feldsperlinge sind ebenso gesellig wie Haussperlinge, jedoch unauffälliger und nicht so lärmend. Im Winter besuchen sie oft in Trupps Fütterungen an Dorfrändern, häufig zusammen mit Goldammern.

Fütterung

Geschrotetes Getreide, Haferflocken, kleine Samen (Hirse, Rübsen, Mohn).

Star

Sturnus vulgaris
Familie Stare

Aussehen: Ähnlich der Amsel, jedoch kleiner und viel kurzschwänziger; langer und spitzer, gelber Schnabel, färbt sich im Herbst braun; Gefieder im Herbst mit weißen Punkten dicht übersät (Perlstar, S. 62); grünlich-violett glänzendes Brutkleid. Im Flug fallen die spitzen, dreieckigen Flügel auf.
Stimme: Heiser „rräh" oder „ärr", schrill „schrien" oder bei Gefahr „spett spett". Der Gesang ist sehr abwechslungsreich schwätzend und pfeifend mit einer Vielzahl von Imitationen anderer Vogelstimmen und Geräusche. Singt bereits ab März.
Vorkommen: Sehr häufiger Vogel in offenem Kulturland mit Bäumen, in lichten Laub- und Mischwäldern, Parks und Gärten.
Verhalten: Stare suchen ihre Nahrung in wackelndem Gang und ständig stochernd auf dem Boden. Sie sind sehr gesellig. Teilzieher. Bereits Ende Februar kehren die ersten Stare zurück. Sie besuchen vor allem bei hoher Schneelage gern die Futterstellen.

Fütterung

Haferflocken, Talg, kleine Samen, getrocknete Beeren.

Eichelhäher

Garrulus glandarius

Familie Rabenvögel

Aussehen: Überwiegend rötlichbraun, fast krähengroß mit schwarzen Flügeln, blau-schwarzen Flügeldecken und weißem Bürzel; von nahem sieht man den schwarzen Bartstreif.
Stimme: Ruft häufig lärmend und laut kreischend „rrhä rrhä" oder „schräih", mit diesen Warnlauten alarmieren Eichelhäher auch andere Tiere des Waldes; daneben hört man auch leise „gahi". Oft imitieren sie den „hiiä"-Ruf des Mäusebussards.
Vorkommen: Häufig in allen Arten von Wäldern vom Tiefland bis in 1600 m Höhe in den Alpen; auch in Parks und Gärten anzutreffen, besonders im Winterhalbjahr.
Verhalten: An Futterstellen, die in der Nähe von Baumbeständen angelegt sind, erscheinen öfters auch Eichelhäher; sie sind jedoch in der Regel nicht auf Futtergaben des Menschen angewiesen, denn sie leben im Winter hauptsächlich von den Eicheln und Bucheckern, die sie im Herbst versteckt haben. In Jahren, in denen diese Früchte des Waldes rar sind, suchen sie dann nach neuen Nahrungsquellen. Ans Futterhaus kommen diese vorsichtigen Vögel meistens

nur, wenn sie sich sicher fühlen. Bei ihrem Erscheinen räumen natürlich die anderen Vögel sofort das Feld. Der Eichelhäher verstaut eilig einige Futterbrocken im Kehlsack und fliegt damit wieder weg – plötzlich verschwundene Talgstücke oder Meisenringe gehen häufig auf das Konto des Eichelhähers. Mit gefülltem Kehlsack fliegt er an eine einsame Stelle des Waldes und versteckt seine „Beute“: Zuerst hackt er mit dem Schnabel ein Loch in den Boden, dann läßt er einen Futterbrocken aus dem Kehlsack hineinfallen und bedeckt zum Schluß das Versteck mit Laub oder Moos. Für weitere Futterstückchen sucht er jeweils ein anderes Versteck. Mit etwas Glück kann man auch beobachten, wie der Eichelhäher größere Futterbrocken bearbeitet: Er nimmt sie nach Meisenmanier zwischen die Zehen und beißt kleine Stückchen davon ab.

Fütterung

Talg, größere Samen, Getreide, Haferflocken, Nüsse, Beeren.

Elster

Pica pica

Familie Rabenvögel

Aussehen: Gefieder schwarzweiß, sehr langer, stufiger Schwanz.
Stimme: Rauh schackernde Rufe, die wie „tscharrr-ackackack", schnell „kekekek" oder „jäckjäckjäck" klingen.
Vorkommen: In tiefen Lagen; häufig in offener Kulturlandschaft mit Hecken, Gehölzen und Alleen; Kulturfolger, oft in Dörfern und Städten; meidet geschlossenen Wald.
Verhalten: Elstern sind sehr wachsam und scheu; mit ihren schackernden Rufen warnen sie häufig vor Katzen, Greifvögeln und anderen Freßfeinden. Sie besuchen Futterplätze nur dann, wenn sie dort ungestört sind. Auf dem Boden laufen sie in wackelndem Gang, anders als Eichelhäher, die sich meistens hüpfend fortbewegen. Elstern sind sehr gesellig und leben das ganze Jahr über paarweise oder in kleinen Trupps. Ihre großen, überdachten Reisignester sieht man häufig.

Fütterung

Elstern sind Allesfresser, die sich im Winter häufig von Aas und Abfällen (Küchenabfälle, gekochte Kartoffeln, Fleisch) ernähren.

Saatkrähe

Corvus frugilegus

Familie Rabenvögel

Aussehen: So groß wie eine Rabenkrähe, im Alter mit unbefiederter, weißlicher Schnabelwurzel; das Gefieder zeigt einen deutlichen blauen Schimmer; schon von weitem am eckig wirkenden Kopf mit steiler Stirn und am meist locker abstehenden Bauch- und Schenkelgefieder zu erkennen.

Stimme: Die Stimmlage ist etwas tiefer als die der Rabenkrähe: „kroh“, „krah“ oder „korr“, daneben auch „kja“ und ein mechanisch klingendes „krrr“.

Vorkommen: Saatkrähen sind bei uns seltene und bedrohte Vögel, die in offener Kulturlandschaft mit Gehölzen, an Waldrändern und in Parks brüten. Ab Ende Oktober kommen zu uns alljährlich große Schwärme von Saatkrähen aus nördlichen und östlichen Brutgebieten, die auf Feldern, in Parks und Anlagen nach Nahrung suchen; nicht selten besuchen sie Fütterungen am Boden. Abends fliegen sie in großen Scharen zu traditionellen Schlafplätzen auf hohen Bäumen (S. 69 oben).

Fütterung

Küchenabfälle, gekochte Kartoffeln, Getreide.

Rabenkrähe

Corvus corone

Familie Rabenvögel

<u>Aussehen:</u> Groß und schwarz, mit kräftigem Schnabel; das Gefieder glänzt im Gegensatz zu dem der Saatkrähe nur schwach.
<u>Stimme:</u> Häufig hört man „kräh", „wärr" oder „krah"-Rufe, die meist 2–4 mal wiederholt werden.
<u>Vorkommen:</u> Ein weit verbreiteter und häufiger Vogel in offenem Kulturland, in Moor- und Heidegebieten, in Dörfern und Städten; zur Nahrungssuche oft in Parks und Gärten, auf Abfallplätzen, Feldern, Wiesen und am Wasser.
<u>Verhalten:</u> Rabenkrähen treten meist paarweise auf oder in kleinen oder größeren Trupps, aber nie in so riesigen Wanderscharen wie Saatkrähen. Sie übernachten ebenfalls häufig an gemeinschaftlichen Schlafplätzen. Sie sind scheu und sehr vorsichtig und besuchen Futterplätze nur, wenn sie dort ungestört sind.

Fütterung

Rabenkrähen ernähren sich im Winterhalbjahr oft von Abfall und Aas. Sie sind sehr findig in der Erschließung neuer Nahrungsquellen, beispielsweise suchen sie auf Schulhöfen nach der Pause die Reste der Mahlzeiten zusammen.

Dohle

Corvus monedula

Familie Rabenvögel

Aussehen: Kleiner, schwarzer Rabenvogel mit hellen Augen; Hinterkopf und Nacken grau, Schnabel relativ kurz.

Stimme: Typisch ist ein kurzes, aber lautes „kjak“ oder „kja“, das oft auch gereiht wird, daneben schnarrende „kjerr“-Rufe, bei Gefahr ein hohes „jüb“.

Vorkommen: Lebt in Gehölzen und Parks mit alten Bäumen, auf Kirchtürmen, Ruinen, Burgen, in Steinbrüchen und Felswänden.

Verhalten: In den Saatkrähenscharen, die sich im Winter bei uns aufhalten, fliegen meistens Dohlen mit (sie erkennt man an ihren hellen Rufen und schnelleren Flügelschlägen). Auf Feldern und Abfallplätzen gehen sie zusammen mit den Saatkrähen der Nahrungssuche nach. Auch an Futterplätzen trifft man sie gelegentlich an. Die Paarbindungen halten in der Regel bis zum Tod eines der Partner.

Fütterung

Dohlen ernähren sich von Früchten, Körnern, Schnecken, Insekten, Mäusen und Abfällen. Getreide, Haferflocken und gekochte Kartoffeln nehmen sie gern an.

Buntspecht
Picoides major
Familie Spechte

Aussehen: Wenig kleiner als eine Amsel; Gefieder kontrastreich schwarz-weiß; die großen und ovalen weißen Flecken auf dem schwarzen Rücken und die roten Unterschwanzfedern sind recht auffällig. Männchen mit intensiv rotem Nackenfleck (S. 72 rechts).
Stimme: Der Ruf des Buntspechtes klingt hart und metallisch wie „kick“ oder „kickickick“; im Frühjahr jagen sich die Spechte häufig unter lauten, heiseren „rhärhärhä“-Rufen um die Baumstämme. Ihren Revieranspruch demonstrieren sie schon ab Februar mit häufigen Trommelwirbeln (Dauer je eine halbe Sekunde); als Resonanzkörper wählen sie meistens hohle Äste, aber auch Masten, Antennen, Dachrinnen und sogar Haussirenen.
Vorkommen: Weitaus der häufigste Specht bei uns; bewohnt alle Arten von Wald, besonders mit Eichen und Hainbuchen, daneben Feldgehölze, Parks und Gärten mit Baumbestand, gebietsweise auch mitten in der Großstadt.
Verhalten: Der Buntspecht ist wie alle Spechte auf das Klettern an Baumstämmen und Ästen spezia-

lisiert; auch seine Hauptnahrung, im Holz lebende Insektenlarven, erbeutet er auf diese Weise. Zuerst hackt er mit seitlich geführten Schlägen die Baumrinde weg, dann meißelt er bis zu 10 cm tiefe Löcher in das Holz, um die Larven freizulegen. Im Winter verzehren Buntspechte häufig die in den Nadelbaumzapfen enthaltenen Samen; dazu hacken sie den Zapfen los und transportieren ihn im Schnabel zu einer Astgabel oder Rindenspalte, in der sie ihn festklemmen können. Wenn diese Nische nicht groß genug ist, wird sie mit gezielten Schnabelhieben so lange erweitert, bis der Zapfen optimal paßt. Befindet sich in der „Spechtschmiede“ noch ein alter, bereits ausgeklaubter Zapfen, so muß dieser zuerst entfernt werden; dazu nimmt er den frischen Zapfen zwischen Bauchgefieder und Unterlage und hat so den Schnabel für die „Säuberung“ der Nische frei. Mit gefundenen Hasel- und Walnüssen verfährt der Buntspecht in gleicher Weise.

Fütterung

Da der Buntspecht seine Nahrung vor allem an der Baumrinde kletternd sucht, sollte man Futtergaben für ihn zunächst einmal am Baumstamm befestigen, damit er sie überhaupt findet. Wenn der Specht daran gewöhnt ist, nimmt er auch freischwebende Futtergeräte an, beispielsweise Säckchen mit Nüssen oder Dosen mit Fettfuttergemisch, Nüssen und Sonnenblumenkernen.

Grauspecht

Picus canus

Familie Spechte

Aussehen: Deutlich größer als Buntspecht, mit langem Spechtschnabel und schmalem, schwarzem Bartstreif; Rücken und Schwanz olivgrün, Kopf und Hals grau, Unterseite hell graugrün; Männchen mit rotem Stirnfleck.

Stimme: Schon im zeitigen Frühjahr hört man die leicht nachzupfeifenden Rufreihen des Grauspechtes: Ein etwas ängstlich klingendes, abfallendes „gügügügü gü gü gü“. Die Rufreihen der Weibchen sind kürzer und klingen heiserer. Die Trommelwirbel dauern ca. 2 Sekunden.

Vorkommen: In lichten Laub- und Mischwäldern, in Feldgehölzen, Parks, Friedhöfen und sogar in Gärten mit altem, lückigem Laubbaumbestand.

Verhalten: Grauspechte halten sich zur Nahrungssuche häufig auf dem Boden auf (Erdspecht); dort suchen sie nach Ameisen, ihrer Hauptnahrung.

Fütterung

Im Winter kommen sie gerne an Futterplätze. Zum Anlocken befestigt man am besten Talgstückchen oder Futterdosen mit Fettfutter an Baumstämmen, denn dort finden sie es am schnellsten.

Straßentaube

Columba livia

Familie Tauben

Aussehen: Gefieder sehr variabel gefärbt von Blaugrau über Rostbraun und Schwarz bis fast ganz Weiß; meistens haben sie einen weißen oder hellgrauen Hinterrücken.

Stimme: Das allbekannte Gurren der Tauben („ruke-di-guh") ist ein Bestandteil der Balz und somit ein echter Gesang; fast das ganze Jahr über kann man die Straßentauben gurren hören.

Vorkommen: Ein sehr häufiger Kulturfolger in Dörfern und Städten; besonders in Großstädten. Aufgrund der zunehmenden Bedrohung alter Bauten durch Taubenkot wurde in einigen Städten bereits ein Fütterungsverbot erlassen.

Verhalten: Straßentauben sind sehr gesellig und treten meistens in Schwärmen auf. Als ursprüngliche Felsbewohner fliegen sie auch zu angelegten Fütterungen in den Häuserschluchten der Großstädte, häufig an hochgelegene Balkonfutterhäuser.

Fütterung

Tauben nehmen gerne Getreide, Haferflocken, Mais und natürlich käufliches Taubenfutter.

Türkentaube

Streptopelia decaocto

Familie Tauben

Aussehen: Kleine und schlanke Taube mit hell sandfarbenem Gefieder und auffallendem, schwarzem Nackenband.
Stimme: Der Revierruf (Gesang) ist ein dreisilbiges, monotones „gu guh gu“; von fliegenden Türkentauben hört man häufig – besonders kurz vor der Landung – ein nasales „chwäh“ (Girren).
Vorkommen: Türkentauben haben Mitteleuropa erst vor wenigen Jahrzehnten erobert; heute leben sie als Kulturfolger in der Nähe menschlicher Siedlungen.
Verhalten: Im Winter streifen Türkentauben in kleinen Trupps in Parks und Anlagen umher, besuchen aber auch Futterstellen für Kleinvögel. Sie sind am Futterplatz sehr verträglich und fressen oft gedrängt nebeneinander. Bereits im zeitigen Frühjahr vollführen sie ihre Balzflüge: Nach einem steilen Aufwärtsflug segelt der Tauber mit nach unten gebogenen Flügeln unter lautem Girren herab.

Fütterung

Wie alle Tauben sind Türkentauben Vegetarier: Man füttert – in Maßen – geschrotetes Getreide, Haferflocken und Sämereien.

Welches Futter ist sinnvoll?

Die Art des Futters richtet sich natürlich nach den Futterhausgästen. Als Standardmischung sind Sonnenblumenkerne, Hanfsamen und gehackte Nüsse empfehlenswert, kleinere Finkenarten nehmen lieber kleinere Sämereien, die z. B. in handelsüblichem Kanarien- oder Waldvogelfutter enthalten sind. Für die schlankeren Schnäbel der „Weichfresser", wie Rotkehlchen und Drosseln, eignen sich vor allem kurz in Pflanzenöl eingetauchte Haferflocken und getrocknete Beeren, vor allem Ebereschenbeeren. Drosseln nehmen gerne Obst, besonders angefaulte, ganze Äpfel. Den zarten Vögeln (Baumläufern, Zaunkönigen, Schwanzmeisen) können wir käufliches Weichfutter für Insektenfresser anbieten. Wir sollten aber, wie bei allen Futtermitteln, auf Qualität achten, denn manche Weichfuttersorten enthalten nur einen verschwindend geringen Insekten-Anteil.

Fettfutter selbst herstellen

Wenn wir das Vogelfutter selbst herstellen, sparen wir einiges Geld, das wir besser den Vogelarten zukommen lassen, die unsere Hilfe viel nötiger brauchen.
Ein billiges Futter, das von vielen Arten gerne verzehrt wird, ist eine Mischung aus Fett und Kleie, die wir wie folgt ansetzen: Wir nehmen Rindertalg und Weizenkleie zu gleichen Teilen, erwärmen den Talg auf dem Herd (aber nicht kochen!) und rühren die Kleie hinein. Ein Eßlöffel voll Salatöl verhindert, daß die Masse bei starkem Frost zu hart wird. In die Mischung können wir noch Sonnenblumenkerne und Hanfsamen hineingeben. Vor dem Erkalten füllen wir unser Fettfutter in eine Kokosnuß-Hälfte, alte Büchse oder in einen Blumentopf und stecken vor dem Erstarren ein Stöckchen als Anflug für die Vögel hinein. Zum Anlocken von Baumläufern streichen wir die Mischung an die Baumrinde, für Schwanzmeisen und Goldhähnchen können wir etwas Fettfutter an die Zweige schmieren.

Gelegentliche Gäste am Futterhaus

Mittelspecht

Picoides medius

Familie Spechte

Aussehen: Etwas kleiner als der Buntspecht, mit hellroter Kopfplatte, fehlendem Bartstreif und rosa gefärbten Unterschwanzfedern.

Stimme: Mittelspechte trommeln nur selten, dafür markieren sie ihr Revier schon im zeitigen Frühjahr mit auffällig klagend-quäkenden Schreien „gää-gää-gää…“. Das ganze Jahr über sind die zeternden Rufreihen zu hören: „gegegegeg…“.

Vorkommen: Nur im Tiefland; bewohnt Laubwälder mit Beständen an alten Eichen und Hainbuchen, beispielsweise Auwälder und ruhige, größere Parks; viel seltener als der Buntspecht.

Verhalten: Während sich der Buntspecht im Winter vor allem von tief im Holz lebenden Käferlarven ernährt, stochert der schwächere Mittelspecht mehr in der Baumrinde nach überwinternden Kleintieren.

Fütterung

Sonnenblumenkerne, Fettfuttergemisch. Den Behälter mit dem Futter befestigt man so, daß der Specht an der Baumrinde kletternd hingelangen kann.

Kleinspecht

Picoides minor

Familie Spechte

Aussehen: Nur wenig größer als ein Sperling, daher kaum mit einer anderen Spechtart zu verwechseln. Männchen mit rotem Scheitelfleck, Weibchen ganz ohne Rot im Gefieder.

Stimme: Auf den unauffälligen Kleinspecht wird man meistens erst durch seine hellen, an Turmfalken erinnernde Rufreihen aufmerksam. Diese Gesangsstrophen, die wie „kikikiki…“ klingen, hört man besonders oft im Frühjahr zur Balzzeit. Die Trommelwirbel des Kleinspechtes sind jeweils 1–1,5 Sekunden lang und klingen etwas schnarrend.

Vorkommen: In lichten Laub- und Mischwäldern, Auwäldern, Flußauen, Parks mit altem Laubbaumbestand, vor allem mit Hainbuchen und Erlen, in Villengebieten, Obstgärten. Bei uns nirgends häufig.

Verhalten: In den Wintermonaten ernähren sich Kleinspechte von Insekten und deren Entwicklungsstadien, die unter der Baumrinde überwintern. Nur gelegentlich an Futterstellen.

Fütterung

Sonnenblumenkerne, Fettfuttergemisch, Nüsse.

Feldlerche

Alauda arvensis

Familie Lerchen

Aussehen: Größer als ein Haussperling, Gefieder hell erdfarben, ober- und unterseits streifig; die Oberkopffedern können zu einer kleinen Haube aufgerichtet werden. Im Flug fallen die weißen Schwanzaußenkanten oft auf.
Stimme: Ruft im Flug häufig ein hart klingendes „tschrl" oder „tirr". Der Gesang ist oft schon Ende Februar zu hören: anhaltend trillernd und wirbelnd und mit Imitationen anderer Vögel.
Vorkommen: Überall häufig bei uns in offener Kulturlandschaft, aber auch auf Feuchtwiesen, Mooren und Marschen.
Verhalten: Die Feldlerche ist vor allem wegen ihres Singfluges populär: Bis zu einer Viertelstunde kann der Vogel in größerer Höhe mit flachem Flügelschlag rütteln und dabei ununterbrochen singen. Feldlerchen überwintern regelmäßig in milden Gegenden Mitteleuropas; die im Spätherbst weggezogenen Vögel kehren bereits im Februar zurück. Bei späten Wintereinbrüchen besuchen sie gerne Futterplätze am Boden.

Fütterung

Haferflocken und kleine Sämereien.

Haubenlerche

Galerida cristata

Familie Lerchen

Aussehen: Etwas kleiner als die Feldlerche, gedrungener und kurzschwänziger, weniger stark gestrichelt; auffallende spitze Federhaube.

Stimme: Ruft melodisch „di-dji-dri" oder „dü-dü-dür-dli"; der Gesang klingt zwitschernd und flötend und enthält viele Imitationen anderer Vogelarten, manchmal sogar menschliche Pfiffe.

Vorkommen: Haubenlerchen leben in trockenem Öd- und Brachland, in Steppen und Halbwüsten; als Kulturfolger besiedeln sie auch wenig bewachsene Fabrik- und Sportanlagen und Bahndämme; sie brüten sogar mitten in Großstädten auf kiesbeschichteten Flachdächern. Gebietsweise sind sie sehr selten.

Verhalten: Im Gegensatz zu Feldlerchen bleiben Haubenlerchen das ganze Jahr über im Brutgebiet. In manchen Städten kann man sie im Winter auf den Gehwegen laufen sehen. Sie nehmen Futterstellen am Boden gerne an, besonders wenn im März nochmals Schnee fällt.

Fütterung

Haferflocken, kleine Sämereien, getrocknete Beeren.

Seidenschwanz

Bombycilla garrulus

Familie Seidenschwänze

Aussehen: Gedrungen und kurzschwänzig, knapp starengroß, mit aufstellbarer Federhaube. Gefieder sehr farbenfroh und glänzend. Im Flug leicht mit dem Star zu verwechseln.

Stimme: Von den umherstreifenden Trupps hört man fast ständig hohe, klingelnde Rufe „srii".

Vorkommen: Seidenschwänze sind Brutvögel des hohen Nordens, die zwischen Oktober und Anfang Mai nahezu alljährlich bei uns beobachtet werden; ihre Anzahl schwankt sehr stark von Jahr zu Jahr und erreicht in manchen Jahren eine beträchtliche Größe.

Verhalten: Seidenschwänze treten meistens in Trupps auf und suchen auf Bäumen und Sträuchern nach Beeren und Früchten. Die wenig scheuen Vögel kommen dann auch in die Parks und Gärten. Wenn die Beerennahrung knapp ist kommen sie gelegentlich an Futterstellen.

Fütterung

Da sich Seidenschwänze im Winterhalbjahr fast ausschließlich von Beeren und Früchten ernähren, füttert man sie mit getrockneten Beeren, z. B. Eberesche, und mit Obst.

Wintergoldhähnchen
Regulus regulus
Familie Goldhähnchen

Aussehen: Winziger Vogel, deutlich kleiner als eine Blaumeise. Oberseite olivgrün, Unterseite grauweiß; gelber Scheitelstreif, beim Männchen mit orangefarbenen Federn in der Mitte; zwei weiße Flügelbinden. Kein Augen- oder Überaugenstreif.
Stimme: Ruft häufig sehr hoch und fein, aber durchdringend „sri-sri-sri-sri". Der Gesang ist sehr hoch, dünn und wispernd, er schwingt auf und ab und endet mit einem betonten Schlußteil.

Vorkommen: Häufig im Nadelwald, auch in Parks und Gärten mit älterem Nadelbaumbestand. Teilzieher.
Verhalten: Bei der Nahrungssuche turnen die Goldhähnchen rastlos im Gezweig umher und suchen nach kleinen Insekten, deren Entwicklungsstadien und Spinnen. Im Winterhalbjahr streifen sie oft zusammen mit Meisen herum und kommen dann gelegentlich an Futterhäuser, die in Nadelwaldnähe liegen.

Fütterung

Goldhähnchen füttert man am besten mit käuflichem Weichfutter für zarte Insektenfresser.

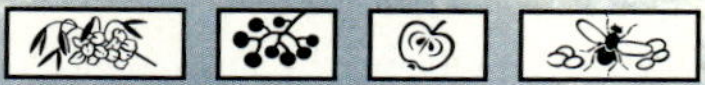

Singdrossel

Turdus philomelos

Familie Sänger

Aussehen: Kleiner als die Amsel, auffallend große Augen; Gefieder auf der Oberseite braun, auf der Unterseite weißlich mit dichter dunkelbrauner Fleckung; beim Abfliegen sieht man oft die gelbliche Flügelunterseite.

Stimme: Im Flug und häufig auch beim Abfliegen hört man ein hohes und scharfes „zipp“, bei Erregung zetern Singdrosseln amselartig, aber weniger durchdringend „dickdickdick“. Schon im März kann man den abwechslungsreichen, lauten Gesang hören: Strophen mit klangvoll flötenden und zwitschernden Motiven, jeweils 2–3mal wiederholt, z. B. „judiet-judiet-judiet“. Singt oft auf Baumwipfeln.

Vorkommen: Bewohnt lichten Laub- und Nadelwald, Feldgehölze, Parks und Gärten mit Baumbestand.

Verhalten: Singdrosseln sind Zugvögel, die erst ab Ende Februar wieder bei uns erscheinen; bei späten Wintereinbrüchen kann man sie manchmal an Futterplätzen beobachten.

Fütterung

Haferflocken, getrocknete Beeren, Obst, Rosinen, Weichfutter.

Rotdrossel

Turdus iliacus

Familie Sänger

Aussehen: Deutlich kleiner als die Amsel; von der Singdrossel durch die rotbraunen Flanken und den weißlichen Überaugenstreif leicht zu unterscheiden. Im Flug sieht man manchmal die rotbraunen Unterflügel.

Stimme: Der typische Ruf, meistens im Flug zu hören, ist ein gedehntes, hohes, etwas rauh klingendes „zjieh“. Von den durchziehenden Trupps, die im Frühjahr bei uns rasten, hört man oft gepreßt zwitschernde und schnarrende Gesangsteile.

Vorkommen: Rotdrosseln brüten in den lichten nordischen Wäldern bis zum Rand der Tundra. Von Oktober bis April kann man bei uns durchziehende und (seltener) überwinternde Trupps beobachten, vor allem auf Wiesen und auf beerentragenden Sträuchern.

Verhalten: Die geselligen Rotdrosseln fliegen oft in den Schwärmen von Wacholderdrosseln mit und kommen dann gelegentlich an die Futterhäuser; wie alle Drosseln besuchen sie am liebsten Bodenfütterungen.

Fütterung

Haferflocken, getrocknete Beeren, Obst, Rosinen, Weichfutter.

Schwanzmeise

Aegithalos caudatus

Familie Schwanzmeisen

Aussehen: Ein winziger Vogel mit sehr langem, stufigem Schwanz. Schwanzmeisen der mitteleuropäischen Rasse mit breitem, schwärzlichem Überaugenstreif (S. 89 unten), die der nördlichen und östlichen Rassen mit reinweißem Kopf (S. 88).

Stimme: Schwanzmeisen halten ständig untereinander Rufkontakt mit durchdringenden, hohen „sisisi", „sitsrr" oder etwas schnarrenden „tsrr", bei Erregung zetern sie „tserr".

Vorkommen: Mäßig häufig in unterholzreichen Laub- und Mischwäldern, Feldgehölzen und Parks mit Baumbestand. Im Winter auch in Gärten.

Verhalten: Schwanzmeisen sind sehr gesellig und streifen außerhalb der Brutzeit in kleinen, eng zusammenhaltenden Trupps umher. Im Winterhalbjahr halten sich die Trupps in den Grenzen fester Reviere auf, in denen sie ihre Nahrung suchen. Durch ihre hohen, durchdringenden Rufe

Fütterung

Zum Anlocken Weichfutter oder eine Fettfuttermischung an Baumrinde und Zweige schmieren.

aufmerksam geworden, sieht man sie in den unbelaubten Bäumen und im Gebüsch rastlos umherturnen. Wenn sie eine Lichtung überfliegen, fällt ihr „hüpfender“ Flug auf. Eigentlich sind Schwanzmeisen im Winter nicht auf die Hilfe des Menschen angewiesen. Durch ihr geringes Gewicht, die langen Beine und den extrem langen Schwanz, der ihnen als Balancierstange dient, sind sie befähigt, an den äußersten Zweigenden nach Nahrung zu suchen; hier haben sie nur wenig Konkurrenz zu fürchten. Das ganze Jahr über finden sie genug kleine Insekten, Spinnen, Larven und Puppen, die dort überwintern. Trotzdem kommen Schwanzmeisen gelegentlich an die Futterhäuser.

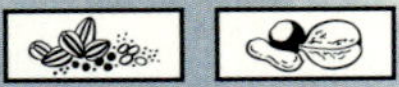

Weidenmeise

Parus montanus

Familie Meisen

Aussehen: Sehr ähnlich wie die etwa gleich große Sumpfmeise (S. 22), aber die Kopfplatte ist mattschwarz und reicht etwas weiter in den Nacken, was ein dickköpfigeres Aussehen bewirkt. Die dunkleren Flanken und das helle Flügelfeld sind nur aus der Nähe erkennbar.

Stimme: Die häufig zu hörenden Rufe sind gedehnt und nasal und klingen wie „däh-däh-däh“ oder „zi-zi-däh-däh-däh“. Den Gesang der Männchen „zjü-zjü-zjü …“ hört man ab Ende Februar.

Vorkommen: Wie die Sumpfmeise am häufigsten in Auwäldern; sie ist jedoch auf morsches Holz angewiesen, da sie sich ihre Höhle selbst zimmert; auch im Nadelwald des Tieflands und der Bergregion weit verbreitet.

Verhalten: Sie meidet die Nähe des Menschen und kommt nur selten in Gärten. An Fütterungen erscheint sie nur, wenn diese am Rand von größeren Waldgebieten oder Flußauen liegen; gebietsweise scheint sie die Sumpfmeise zu verdrängen.

Fütterung

Hanfsamen, Sonnenblumenkerne, Erdnüsse.

Zaunkönig

Troglodytes troglodytes
Familie Zaunkönige

Aussehen: Ein winziger, rundlicher Vogel mit fast ständig steil aufgerichtetem Schwanz.
Stimme: Ruft bei einer Störung laut und hart „tek tek tek ...", „tettettet ..." oder „zerrr ...". Seinen Gesang, laute Strophen aus schmetternden und trillernden Teilen, hört man oft sogar im Winter an sonnigen Tagen.
Vorkommen: Häufig in unterholzreichen Wäldern, Gebüsch und Gestrüpp, auch in Parks und verwilderten Gärten mit Reisighaufen; oft in Gewässernähe.

Verhalten: Huscht wie eine Maus im bodennahen Gestrüpp umher; fliegt schwirrend und geradlinig knapp über dem Boden. Besonders im Winter hält er sich oft in Häusernähe auf und übernachtet sogar in alten Schuppen. Meistens leben Zaunkönige den Winter über einzeln, doch hat man auch Schlafplätze mit 10–20 gemeinsam übernachtenden Zaunkönigen gefunden. Auf menschliche Futtergaben sind sie nicht angewiesen, kommen jedoch manchmal zu Futterstellen.

Fütterung

Weich- und Fettfutter in Futterhäuschen oder am Boden.

Stieglitz

Carduelis carduelis

Familie Finken

Aussehen: Kleiner als ein Haussperling, mit auffallend buntem Gefieder; die breiten, gelben Flügelbinden fallen besonders im Flug auf.

Stimme: Sehr häufig rufen Stieglitze hoch klingelnd und schnell „didlit“ oder „zidit“, bei Gefahr warnen sie mit nasal gezogenen „wäii“ und bei Auseinandersetzungen mit Artgenossen schimpfen sie schnarrend „tschrrr“. Der Gesang besteht aus eilig vorgetragenen, zwitschernden und trillernden Strophen, die auch nasale Laute aufweisen und meist von den typischen „didlit“-Rufen eingeleitet werden.

Vorkommen: Im Winterhalbjahr trifft man Stieglitze vor allem auf distelreichen Wiesen, an unkrautbewachsenen Weg- und Straßenrändern und auf Birken, Erlen und Kiefern an, denn sie ernähren sich hauptsächlich von Samen.

Verhalten: Stieglitze sind sehr gesellig und streifen außerhalb der Brutzeit in kleinen Trupps umher. An Futterplätze kommen sie allerdings nur selten.

Fütterung

Feine Sämereien, Nüsse, Waldvogelfutter.

Hänfling

Acanthis cannabina

Familie Finken

Aussehen: Etwas kleiner als der Haussperling; Männchen im Brutkleid mit roter Stirn und roter Brust (Foto), im Winter mit rötlich überhauchter Brust.
Stimme: Typische Flugrufe: nasal stotternde „gegegegeg". Der Gesang ist bereits ab März zu hören, er beginnt mit einer sich beschleunigenden Serie von Flugrufen, die in hastig vorgetragene Pfeiftöne, Triller und geräuschhafte Laute übergehen.
Vorkommen: Offene Kulturlandschaft mit Hecken, Gehölzen und Wacholderheiden, häufig auch auf Friedhöfen und in Gärten an Dorfrändern.
Verhalten: Im Winterhalbjahr streifen Hänflinge auf der Suche nach Samen in Schwärmen auf wildkräuterreichen Ödlandflächen umher.
Sie finden in der Natur meist genügend Nahrung und sind nicht auf menschliche Futtergaben angewiesen; trotzdem erscheinen sie manchmal an Futterhäusern, besonders wenn diese an Siedlungsrändern liegen.

Fütterung

Waldvogelfutter, Rübsen, Leinsamen, Erdnußstückchen.

Birkenzeisig

Acanthis flammea

Familie Finken

Aussehen: Deutlich kleiner und schlanker als ein Haussperling; mit spitzem, hornfarbenem Schnabel. Gefieder oberseits bräunlich und dunkel gestreift. Vorderscheitel tiefrot. Im Flug sieht man oft die beiden schmalen Flügelstreifen.

Stimme: Flugruf ein schnelles, weit hörbares „dschädschädschä“. Der Gesang klingt rauh zwitschernd und enthält schwirrende Laute, klangvolle Pfeiftöne und eingeflochtene Flugrufe.

Vorkommen: Birkenzeisige brüten vorwiegend in hochgelegenen Nadelwäldern der Alpen und einiger Mittelgebirge; im Winter streifen sie in Trupps im Flachland umher und kommen dann auch in Gärten und Parks.

Verhalten: Die kleinen Birkenzeisige fallen meist erst durch ihre Flugrufe auf. Besonders gerne hangeln sie in Birken und Erlen, um die begehrten Baumsamen auszuklauben. Auf Futtergaben des Menschen sind sie eigentlich nicht angewiesen, aber sie besuchen dennoch öfters Futterplätze.

Fütterung

Waldvogelfutter, Fettfuttergemisch, Nüsse.

Tannenhäher

Nucifraga caryocatactes
Familie Rabenvögel

Aussehen: Deutlich kleiner als eine Krähe, mit kräftigem, langem, schwarzem Schnabel. Der kurze Schwanz und die weißen Unterschwanzdecken fallen vor allem im Flug auf.
Stimme: Tannenhäher rufen häufig schnarrend und etwas nasal „grährr-grährr", daneben bringen sie auch dohlenartige Laute wie „jäk jäk" hervor.
Vorkommen: Nadelwälder der Gebirge und Mittelgebirge; im Winter auch in den Tälern und im Alpenvorland. In manchen Jahren gibt es große Einflüge von Tannenhähern der sibirischen Rasse nach Mitteleuropa.
Verhalten: Tannenhäher ernähren sich vor allem von den Samen der Nadelbäume, besonders denen der Arve und der Bergkiefer, aber auch von Hasel- und Walnüssen. Die Vögel leben den Winter über von den Samen und Nüssen, die sie im Herbst versteckt haben. Gelegentlich erscheinen sie an Futterplätzen.

Fütterung

Hasel-, Erd- und Walnüsse, Bucheckern, Eicheln, getrocknete Beeren.

Mischling Stockente
mit Hausente

Wasservogelfütterung

Für die Wasservögel stellt sich im Winter das Problem, daß ihre Nahrungsgewässer allmählich zufrieren. Am sinnvollsten helfen wir ihnen, indem wir dafür sorgen, daß an einigen Stellen die Wasserfläche eisfrei bleibt. Wir können ihnen aber auch Brot, geschrotetes Getreide, Haferflokken, gekochte Kartoffeln usw. anbieten. Bei dieser Art der Fütterung sollten wir uns besonders gut überlegen, ob sie sinnvoll ist, denn kleine Gewässer verkraften nur eine kleine Zahl von Wasservögeln.

Mandarinentenpaar

Hilfe für Greifvögel und Eulen

Bei anhaltend hoher Schneelage geraten die Mäusejäger unter den Eulen und Greifvögeln in Bedrängnis, denn ihre Beutetiere sind unter dem Schnee weitgehend vor ihnen geschützt. Wir können diesen Vögeln wirkungsvoll helfen, indem wir an schnell ausapernden Stellen Dreschabfälle streuen und so die Mäuse unter der Schneedecke hervorlocken. Noch besser ist es natürlich, die Dreschabfälle auf einer vom Schnee geräumten Fläche auszustreuen.
Wir sollten nicht vergessen, daß Bussarde Ansitzjäger sind; ein ca. 1,50 m hoher Pfosten, eventuell mit einem Querholz als Sitzplatz und in der Nähe der Futterstelle plaziert, erleichtert ihnen die Mäusejagd. Ebenso können wir für diese Greifvögel größere Fleischstücke auslegen; allerdings sollten wir sie mit einem Beil anritzen, damit sich die Bussarde kleine Stücke herausreißen können. Um zu verhindern, daß Füchse die Fleischstücke wegtragen, können wir sie mit einem Strick irgendwo festbinden oder erhöht auf einer kleinen Plattform auslegen.
Für Schleiereulen ist es im Winter oft lebenswichtig, daß wir ihnen Scheunen oder alte Schuppen offenhalten, damit sie darin Mäuse jagen können. In besonders kalten und schneereichen Wintern können wir den Eulen in Feld und Flur lebende Mäuse in Futterwannen anbieten; das Problem hierbei ist jedoch, daß die Mäuse bei großer Kälte schnell erfrieren.

Vogelfütterung
am Wasser

Lachmöwe

Larus ridibundus

Familie Möwen

Aussehen: Etwa taubengroße, schlanke und überwiegend weiße Möwe mit spitzen Flügeln; im Winterkleid (Foto) mit weißlichem Kopf und verwaschenem, dunklem Ohrfleck, Jungvögel mit bräunlichen Gefiederteilen und schwärzlichem Schwanzende. Lachmöwen im Brutkleid (S. 99 links im Foto) mit schokoladebraunem Kopf und dunkelrotem Schnabel.

Stimme: Sehr stimmfreudig, häufig ein kreischendes „krär-krär" oder bei Auseinandersetzungen ein hohes und spitzes „ke ke ke", von einjährigen Vögeln ein klägliches „psiie".

Vorkommen: Außerhalb der Brutzeit an Gewässern aller Art, häufig auch an Kläranlagen und auf Müllplätzen.

Verhalten: Im Winter kommen Lachmöwen in die Städte und lassen sich dort in Gewässernähe aber auch auf Balkonen füttern.

Fütterung

Lachmöwen sind Allesfresser und sehr findig im Aufspüren neuer Nahrungsquellen; zugeworfene Brotstückchen fangen sie geschickt in der Luft auf. Fütterung mit Brot und geschrotetem Getreide.

Sturmmöwe
Larus canus
Familie Möwen

Aussehen: Etwas größer als die Lachmöwe, im Winterkleid mit weißem, schwach gestricheltem Kopf. Schnabel und Beine grünlichgrau; Jungvögel erkennt man an der bräunlichen Oberseite und der dunkelbraunen Schwanzendbinde (Foto rechts, links eine Lachmöwe im Brutkleid).
Stimme: Gellend, schrill „iih-ää-iih-ää…“, daneben auch kurz „kjau“ oder „kia“.
Vorkommen: Hauptsächlich an der Meeresküste, außerhalb der Brutzeit auch regelmäßig an den Seen des Binnenlandes, aber viel seltener als die Lachmöwe.
Verhalten: Unter den großen Scharen von Lachmöwen, die von Oktober bis April die Dampferstege, Parkgewässer und Brücken „belagern“, sind oft auch einige Sturmmöwen, vor allem Vögel im Jugendkleid; sie sind weniger zutraulich als die Lachmöwen.

Fütterung

Sturmmöwen sind Allesfresser, die sich von Würmern, Fischen, Kleinsäugern und Abfällen ernähren; man füttert sie wie Lachmöwen mit altem Brot und geschrotetem Getreide.

Höckerschwan

Cygnus olor

Familie Entenvögel

<u>Aussehen:</u> Sehr großer, schneeweißer Wasservogel mit langem Hals und orangerotem Schnabel; der schwarze Schnabelhöcker ist bei den Männchen stärker ausgebildet. Jungvögel tragen ein graubraunes Gefieder (S. 101 oben). Beim Schwimmen ist der lange Hals meistens S-förmig gebogen. <u>Stimme:</u> Wenig stimmfreudig; die weithin hörbaren „kwau kwau kwau …"-Laute von fliegenden Höckerschwänen werden von den Flügelschwingen erzeugt. <u>Vorkommen:</u> Überall häufig auf den Seen des Tieflandes, auch auf langsam fließenden Flüssen; im Winter oft in Scharen und zusammen mit Bläßhühnern, Enten und Möwen an Futterstellen. <u>Verhalten:</u> Bereits im zeitigen Frühjahr beginnen die Höckerschwäne ihre Reviere abzugrenzen, dann sieht man sie oft in Drohhaltung (mit hoch aufgestellten Flügeln) schwimmen.

Fütterung

Schwäne sind Vegetarier und ernähren sich von Wasserpflanzen, Gras und Kräutern; am besten füttert man sie – in Maßen – mit Haferflocken, Getreide und altem Brot.

Graugans

Anser anser

Familie Entenvögel

Aussehen: Große, hell bräunlichgraue Gans mit orange-(westl. Rasse) oder fleischfarbenem Schnabel (östl. Rasse). Im Flug fallen die hellen Vorderflügel auf. Trupps fliegen meist in V-Formation oder zu einer schrägen Linie angeordnet.

Stimme: Die Rufe gleichen denen der Hausgans, klingen aber weniger aufdringlich, häufig hört man ein nasales „ga ga ga" oder „ahng ong ong".

Vorkommen: Durch Aussetzungen und Schutzmaßnahmen neuerdings bei uns in Ausbreitung begriffen; eingebürgerte Graugänse beider Rassen und Mischlinge haben sich an vielen Seen und Parkteichen angesiedelt und sind das ganze Jahr über zu beobachten.

Verhalten: Graugänse sind wie alle Gänse sehr gesellig, im Winter bilden die futterzahmen Vögel der Parkgewässer oft große Trupps, zusammen mit Kanadagänsen und Enten.

Fütterung

Graugänse ernähren sich von Gräsern und Kräutern, die sie an Land finden; als Futter eignen sich altes Brot und Haferflocken.

Kanadagans

Branta canadensis
Familie Entenvögel

Aussehen: Sehr große, langhalsige Gans; durch die vom schwarzen Hals kontrastreich abgesetzten weißen Wangen leicht von der Graugans zu unterscheiden.
Stimme: Die lauten und klangvollen trompetenden Rufe „a-hong a-hong …“ sind meistens im Flug zu hören.
Vorkommen: Die Kanadagans wurde in mehreren Rassen aus Nordamerika in Europa eingebürgert; heute ist sie bei uns auf vielen Parkgewässern und Seen das ganze Jahr über heimisch, in Norddeutschland ist sie jedoch reiner Wintergast.
Verhalten: Wie alle Gänse ernährt sich auch die Kanadagans ausschließlich von pflanzlicher Kost. Ihre Nahrung – Gräser, Kräuter und Sämereien – sucht sie vor allem am Ufer, manchmal gründelt sie auch nach Wasserpflanzen. Die futterzahmen Kanadagänse sind bei uns meist das ganze Jahr über als Standvögel anzutreffen; in kalten Wintern weichen sie jedoch kurzfristig in günstigere Gebiete aus.

Fütterung

Am besten eignen sich altes Brot und Haferflocken.

Reiherente

Aythya fuligula

Familie Entenvögel

Aussehen: Kleine und gedrungene Tauchente mit schwefelgelben Augen; Männchen mit kontrastreich schwarz-weißem Gefieder und lang herabhängendem Federschopf; Gefieder des Weibchens (im Foto rechts) schlicht dunkelbraun, mit nur angedeutetem Schopf, an der Schnabelbasis häufig weißliche Abzeichen. Das breite, weiße Flügelband sieht man oft im Flug.

Stimme: Weibchen rufen im Flug häufig knarrend „kräk kräk".

Vorkommen: Im Winter halten sich bei uns auf den Seen (selbst mitten in der Großstadt), Stauseen und langsam fließenden Flüssen oft große Scharen von Reiherenten auf.

Verhalten: Reiherenten sind sehr gesellig; die Trupps fliegen rasant und geradlinig, mit sehr schnellen Flügelschlägen. Seit einigen Jahren mischen sie sich auch häufig unter die futterzahmen Bläßhühner und Enten der Parkseen; sie sind jedoch weniger zutraulich und halten zu den fütternden Menschen größeren Abstand.

Fütterung

Altes Brot, Haferflocken und geschrotetes Getreide.

Tafelente

Aythya ferina

Familie Entenvögel

Aussehen: Kleine gedrungene und kräftige Tauchente mit langem, hohem Kopf und flacher Stirn; Männchen mit kastanienbraunem Kopf, Rücken und Flanken silbergrau meliert; das Weibchen ist bräunlich gefärbt, im Gegensatz zum Reiherentenweibchen ohne den angedeuteten Schopf und mit dunklen Augen.

Stimme: Der Ruf des Weibchens, „charr charr", klingt schnarrender als der der Reiherente.

Vorkommen: Auf unseren Seen, Stauseen und langsam fließenden Flüssen überwintern oft große Scharen von Tafelenten, ihre Anzahl ist jedoch meist geringer als die der Reiherenten.

Verhalten: Tafelenten sind das ganze Jahr über sehr gesellig; sie suchen wie die anderen Tauchenten ihre Nahrung vor allem unter Wasser tauchend; dabei holen sie Wasserpflanzen, Muscheln und Insektenlarven herauf. Auch diese Entenart lebt im Winter oft futterzahm zusammen mit anderen Enten auf den Parkgewässern, sogar mitten in der Großstadt.

Fütterung

Altes Brot, geschrotetes Getreide, Haferflocken.

Stockente

Anas platyrhynchos

Familie Entenvögel

Aussehen: Männchen ab November im Prachtkleid mit flaschengrünem Kopf und Hals, brauner Brust, perlgrauer Ober- und Unterseite und gelbem Schnabel; Weibchen (S. 107 unten) stets unscheinbar bräunlich gefleckt mit dunklem Schnabelfirst.

Stimme: Männchen rufen oft „räb räb räb“, während der Balz (vom Spätherbst bis zum Frühjahr) ist häufig ein heller, dünner Pfiff (Grunzpfiff) zu hören. Von Weibchen hört man oft eine 3- bis 10 silbige Rufreihe „wak wak wak ...“, die in Tonhöhe und Lautstärke langsam abfällt. Fliegend produzieren sie ein singend-pfeifendes Flügelgeräusch.

Vorkommen: Unsere häufigste Entenart; an stehenden und langsam fließenden Gewässern aller Art, auch auf kleinen Gewässern mitten in der Großstadt.

Verhalten: Im Winter halten sich auf den Parkseen große Scharen von futterzahmen Stockenten auf; dort kann man oft die gemeinschaftlichen Balzspiele der Erpel beobachten.

Fütterung

Altes Brot, Haferflocken, geschrotetes Getreide und Nüsse.

Bläßhuhn
Fulica atra
Familie Rallen

Aussehen: Fast entengroßer, rundlicher Wasservogel mit schwarzem Gefieder; Schnabel und Stirnschild weiß; Zehen mit breiten Hautlappen.
Stimme: Sehr ruffreudig, häufig hört man vom Männchen ein tonloses „tsk" oder ein „tp" ähnlich wie das Knallen eines Sektkorkens; das Weibchen ruft oft mehrfach wiederholt „köw".
Vorkommen: Im Winter versammeln sich große Scharen von Bläßhühnern auf vielen Seen und Stauseen und sogar auf Parkteichen mitten in der Großstadt.
Verhalten: Bläßhühner sind außerhalb der Brutzeit sehr gesellig, im Frühjahr lösen sich die großen Ansammlungen auf, jetzt kann man oft rivalisierende Bläßhühner in Drohhaltung mit gesenktem Kopf und hochgehaltenen Flügeln schwimmen sehen.

Fütterung

Bläßhühner sind Allesfresser, die sich je nach Jahreszeit und Angebot von Schilfsprossen, Wasserpflanzen, Gras und Kleintieren ernähren. Sie nehmen gern altes Brot, geschrotetes Getreide, Haferflocken und gekochte Kartoffeln.

Teichhuhn

Gallinula chloropus
Familie Rallen

Aussehen: Kleiner, schwarzer Wasservogel mit langen Beinen und Zehen; Schnabel und Stirnschild rot. Im Jugendkleid ohne Rot, Gefieder einfarbig braun.
Stimme: Erregungslaut ein wohlklingendes „kürrck", Warnlaut „kirrek".
Vorkommen: Häufig im Uferbereich von stehenden und langsam fließenden Gewässern, auch an kleinen Tümpeln und an dicht bewachsenen Bächen mitten in Städten oder Dörfern.
Verhalten: Teichhühner zucken beim Laufen oder Schwimmen ständig mit dem Schwanz, dabei leuchten die signalweißen Unterschwanzfedern im Takt auf. Sie sind scheu und führen ein verstecktes Leben in der dichten Vegetation nah am Wasser. Vielerorts lassen sie sich im Winter jedoch füttern.

Fütterung

Teichhühner ernähren sich von Wasserpflanzen, Samen, Früchten, Gras und Kleintieren. Gerne nehmen sie Haferflocken, geschrotetes Getreide, gehackte Nüsse und gekochte Kartoffeln.

Graureiher

Ardea cinerea

Familie Reiher

Aussehen: Großer, storchenähnlicher Vogel mit langem Hals und langen Beinen; der schwarze Überaugenstreif setzt sich in langen dünnen Schmuckfedern fort.
Stimme: Von fliegenden Reihern hört man häufig rauh und durchdringend „kräik“ (Flugruf).
Vorkommen: Zur Nahrungssuche an flachen Ufern von Seen und Flüssen, an Gräben und auf Wiesen und Feldern.
Verhalten: Graureiher fliegen im Gegensatz zu Störchen mit S-förmig eingezogenem Hals. Sie ernähren sich überwiegend von Fischen, die sie im Flachwasser fangen; dabei pirschen sie mit gestrecktem Hals und langsamen Schritten durch das Wasser; sie erbeuten aber auch Frösche, Mäuse, Maulwürfe und Insekten.

Fütterung

Wenn die Nahrungstiere in strengen Wintern für die Graureiher schwer erreichbar werden, sollte man ihnen in Gewässernähe Fleischbrocken und tote Fische auslegen. Eine wirkungsvollere, aber viel aufwendigere Methode ist, einen Korb im Wasser zu befestigen und ihn regelmäßig mit lebenden Fischen zu beschicken.

Futterplätze in Wald und Feld

Turmfalke

Falco tinnunculus
Familie Falken

Aussehen: Kleiner, schlanker und langschwänziger Greifvogel mit rotbrauner Oberseite und schwarzen Augen; Männchen mit blaugrauem Oberkopf und Schwanz (siehe Foto); Weibchen braun, stark dunkel gefleckt. Flugbild: Lange, spitze Flügel und langer Schwanz.
Stimme: Ruft häufig hell und durchdringend „kikikikiki".
Vorkommen: In fast allen Landschaftstypen, außer in geschlossenen Wäldern; sehr anpassungsfähig, auch im Hochgebirge und in Dörfern und Städten. Nahrungssuche – besonders im Winter – vielfach an Wegen und Straßen.
Verhalten: Turmfalken „stehen" häufig flügelschlagend und mit gespreiztem Schwanz in der Luft („Rütteln"), um nach Mäusen Ausschau zu halten.

Fütterung

In strengen Wintern erleiden die Turmfalken bei uns oft starke Verluste. Man kann ihnen wirkungsvoll helfen, indem man an sonnigen Stellen am Waldrand den Schnee wegräumt und Dreschabfälle ausstreut, um Mäuse anzulocken.

Sperber

Accipiter nisus

Familie Habichtartige

Aussehen: Kleiner, grauer Greifvogel, im Flug mit relativ kurzen, runden Flügeln und langem Schwanz; Männchen (Foto) um ⅓ kleiner und leichter als das Weibchen.

Vorkommen: In Wäldern, abwechslungsreicher Kulturlandschaft und sogar im Hochgebirge. Jagt vor allem im Winterhalbjahr auch in Dörfern und Städten.

Verhalten: Einen fliegenden Sperber erkennt man an den kurzen, eingeschobenen Gleitflugstrecken; meistens wird man jedoch durch die intensiven, hohen Warnrufe der Kleinvögel auf ihn aufmerksam. Als Überraschungsjäger nutzt der Sperber jede Deckung, um dann plötzlich aufzutauchen und seine Beute zu überrumpeln.

Fütterung

Durch die Anlage von Futterstellen für Kleinvögel schafft man oft automatisch Futterplätze für Sperber. Durch das Fangen kranker Vögel haben Sperber eine wichtige Funktion bei der Gesunderhaltung der Kleinvogelbestände; sie erbeuten hauptsächlich häufige Arten wie Sperlinge, Kohlmeisen, Grünlinge und Amseln.

Mäusebussard

Buteo buteo

Familie Habichtartige

Aussehen: Gedrungener Greifvogel mit rundlichem Kopf und relativ kurzem Schwanz.
Stimme: Ruft das ganze Jahr über häufig miauend „hiääh".
Vorkommen: Verbreitet in der offenen Kulturlandschaft. Im Winterhalbjahr häufig an Straßen- und Wegrändern.
Verhalten: Mäusebussarde sind Ansitzjäger, die oft geduldig auf Weidezäunen sitzen und auf Mäuse, ihre Hauptbeutetiere, lauern. Im Winter konzentrieren sie sich häufig auf Straßenböschungen: Hier taut der Schnee schnell weg; außerdem hoffen sie auf Verkehrsopfer, denn gerade im Winter sind sie vielfach auf tote Tiere angewiesen.

Fütterung

Bei strenger Kälte und hohem Schnee gibt es oft große Verluste unter den überwinternden Bussarden; man hilft ihnen am besten, indem man an schnell ausapernden Südhängen oder in der Nähe von Scheunen Ansitzstangen anbringt, um ihnen die Mäusejagd zu erleichtern. Ebenso empfiehlt es sich, auf schneefrei gemachten Flächen rohes, mageres Fleisch in großen Stücken auszulegen.

Waldkauz

Strix aluco

Familie Eulen

Aussehen: Gedrungene Eule mit großem, rundem Kopf und schwarzen Augen; Gefieder baumrindenfarben, von Braun bis Grau; keine Federohren.

Stimme: Vor allem im Herbst und Frühjahr ist der Reviergesang des Männchens zu hören: Ein unheimliches, tremolierendes „huuhu-huuuuu", das Weibchen ruft laut und schrill „kuwitt".

Vorkommen: Häufig in lichten Hochwäldern und Gehölzen mit Freiflächen, auch in Parks, Friedhöfen und Gärten mit alten Bäumen, sogar mitten in Großstädten.

Verhalten: Waldkäuze sind dämmerungs- und nachtaktiv, häufig kann man sie jedoch am Tage vor ihren Baumhöhlen in der Sonne sitzen sehen. Sie leben von Mäusen, Vögeln bis Taubengröße, Fröschen und Insekten.

Fütterung

Obwohl der Waldkauz nicht so stark auf Mäuse als Nahrungstiere angewiesen ist wie viele andere Eulenarten, wird es auch für ihn bei lang anhaltender, hoher Schneelage und großer Kälte kritisch. Am besten hilft man ihm durch das Ausbringen von Dreschabfällen an sonnigen Waldrändern, um dort Mäuse anzulocken.

Waldohreule

Asio otus

Familie Eulen

Aussehen: Krähengroße, schlanke Eule mit langen Federohren; Gefieder rindenfarbig, Augen orangegelb.
Stimme: Bereits ab Februar ist der Balzgesang des Männchens, ein dumpfes „huh" zu hören.
Vorkommen: Häufig in lichten Wäldern, an Waldrändern und in Gehölzen; im Winter auch in Parks mitten in der Stadt.
Verhalten: Waldohreulen sind ausgeprägt dämmerungs- und nachtaktiv. Ihrer Hauptbeute, der Feldmaus, stellen sie auf Feldern, Wiesen und Mooren nach. In strengen Wintern schließen sich die sonst vorwiegend einzeln lebenden Eulen oft zu Schlafgemeinschaften von über 20 Vögeln zusammen. Am Tag sitzen Sie aufrecht und bewegungslos in Stammnähe ihrer Schlafbäume.

Fütterung

In schneereichen Wintern verhungern viele Waldohreulen, denn die Mäuse sind dann unter dem Schnee schwer erreichbar. Man hilft ihnen wirkungsvoll durch Ausbringen von Dreschabfällen auf sonnigen Waldrändern, so daß Mäuse angelockt werden.

Schleiereule

Tyto alba

Familie Eulen

Aussehen: Helle, schlanke Eule mit auffallend herzförmigem Gesichtsschleier.
Stimme: Ab Ende Februar ist der Revierruf des Männchens, ein gedehnter, heiserer Schrei, zu hören.
Vorkommen: Offene, abwechslungsreiche Kulturlandschaft des Tieflandes am Rand von Dörfern und Kleinstädten. Die Tageseinstände und die Brutplätze liegen fast ausschließlich in Gebäuden. Ihre Hauptbeutetiere, Mäuse und Spitzmäuse, jagt sie häufig an Wegen und Straßen.
Verhalten: Schleiereulen sind ausgesprochen nachtaktiv und jagen in der Regel nur bei völliger Dunkelheit.

Fütterung

Da sich Schleiereulen fast ausschließlich von Kleinsäugern ernähren, erleiden sie in strengen, schneereichen Wintern oft sehr hohe Verluste. In dieser Zeit ist es besonders wichtig, für die Eulen den Einflug in Scheunen, Schuppen und andere unbewohnte Gebäude offen zu halten, um ihnen dort den Mäusefang zu erleichtern. Zusätzlich kann man mit Dreschabfällen Mäuse anlocken.

Fasan

Phasianus colchicus
Familie Feldhühner

Aussehen: Haushuhngroß mit langem, spitzem Schwanz; Männchen (Foto) auffällig und bunt, Weibchen tarnfarben, dunkel gefleckt.
Stimme: Der Revierruf des Männchens, ein lautes, rauhes „gögök" gefolgt von polterndem Flügelburren, ist schon im zeitigen Frühjahr zu hören; aufgescheuchte Hähne flüchten mit lauten „göggöggög"-Rufen.
Vorkommen: Aus Asien als Jagdwild bei uns eingebürgert; heute verbreitet und gebietsweise häufig in der abwechslungsreichen Feldflur des Tieflandes.
Verhalten: Im Winter leben Fasane gesellig in deckungsreichen Teilen ihres Areals; Hähne und Hennen schließen sich oft zu getrennten Verbänden zusammen, wobei die Hähne meist kleinere Trupps bilden; im Frühjahr lösen sich die Trupps auf und die Männchen werden territorial.

Fütterung

Fasane überstehen strenge und schneereiche Wintermonate oft nur, wenn sie regelmäßig gefüttert werden. Am besten eignen sich dazu Bodenfutterstellen mit Dreschabfällen und Mais.

Rebhuhn

Perdix perdix

Familie Feldhühner

Aussehen: Klein und gedrungen, mit kurzem Schwanz und kurzen Flügeln; hufeisenförmiger Bauchfleck, beim Männchen meist stärker ausgeprägt; Weibchen mit gelblich gemusterten Schultern und Oberflügeldecken.

Stimme: Aufgeschreckte Rebhühner schimpfen schrill „kerrripriprip"; der Revierruf des Hahnes, ein heiseres „kjirrek", ist ab Ende Februar zu hören.

Vorkommen: Ehemals häufig in der abwechslungsreichen, kleinräumigen Kulturlandschaft mit Hecken, Wildkräuterflächen, Rainen und Gehölzen; heute durch Intensivierung der Landwirtschaft viel seltener.

Verhalten: Ab November schließen sich die sonst einzeln, paar- oder familienweise lebenden Rebhühner zu größeren Winterverbänden zusammen.

Fütterung

Rebhühner ernähren sich von Gräsern, Klee, Wildkräutern, Samen und Insekten. Im Winter kann man ihnen wirkungsvoll helfen, indem man in der Feldflur Bodenfütterungen einrichtet und diese regelmäßig mit Weizen und Gerste beschickt.

Vögel, die ohne unsere Hilfe durch den Winter kommen

Die meisten unserer freilebenden Vögel überstehen die harten Wintermonate ohne Futtergaben oder sonstige Hilfen des Menschen. Seit Jahrtausenden haben sie sich, wie die übrigen Tiere auch, in ihrer Lebensweise und ihrem Verhalten darauf eingestellt. Es gibt verschiedene Möglichkeiten, die kalten und oft schneereichen Wintermonate zu überstehen: Die Zugvögel verlassen im Herbst ihre Brutgebiete in Mitteleuropa und ziehen in wärmere Länder, um erst im Frühjahr wieder zurückzukehren. Einige der bei uns überwinternden Vögel, beispielsweise Eichel- und Tannenhäher, Kleiber und Sumpfmeisen, verstecken im Herbst Samen bzw. Früchte, von denen sie den Winter über zehren; der Tannenhäher findet seine angelegten Verstecke mit Zirbensamen oder Haselnüssen sogar unter einer meterdicken Schneedecke wieder, denn er prägt sich die Standorte sehr genau ein.

Die meisten der überwinternden Vögel sind jedoch auf die Nahrung angewiesen, die sie – mehr oder weniger zufällig – auf ihren Streifzügen finden. Gerade diese Vögel müssen sich im Herbst Fettreserven zulegen, um die entbehrungsreiche Zeit besser zu überstehen. Trotzdem sterben in den Wintermonaten viele Vögel, meistens aus Mangel an geeigneter Nahrung. Doch diese winterlichen Verluste sind von der Natur „eingeplant“ und führen normalerweise nicht zum Aussterben der betreffenden Art. Denn die überlebenden können im darauffolgenden Frühjahr die besten Reviere besetzen und außerdem durch erhöhte Vermehrungsrate die winterlichen Bestandseinbußen wieder ausgleichen. So erreichen in naturnahen Lebensräumen die durch einen Extremwinter dezimierten Bestände einer Vogelart bereits nach wenigen Jahren wieder ihr früheres Bestands-Niveau. In einer vom Menschen nachhaltig gestörten Lebensgemeinschaft ist diese natürliche Erholung jedoch kaum möglich.

Auf einem winterlichen Spaziergang können wir mit etwas Glück viele Vögel beobachten, die so gut wie nie von menschlichen Futtergaben profitieren. Einige davon sind auf der folgenden Doppelseite in ihrem natürlichen Lebensraum dargestellt.

Im dichten Ufergebüsch turnen Schwanzmeisen herum und suchen an den dünnen Zweigen nach winzigen Kerbtieren, deren Eier und Puppen; sie machen durch ihre hohen „sisisi“- und hölzernen „tserr“-Rufe auf sich aufmerksam. Direkt am Ufer suchen Wasserpieper nach Nahrung – man erkennt sie leicht an ihren lauten „psiet“-Rufen. Den niedrig im Ufergestrüpp huschenden Zaunkönig wird man vielleicht im ersten Moment für eine Maus halten. Dieser winzige Singvogel macht sich durch laute „teck teck teck“-Rufe bemerkbar; an sonnigen Wintertagen hört man oft seinen lauten und schmetternden Gesang. Auf den Steinen am Flußufer sieht man eine Wasseramsel sitzen. Sie ist der einzige Singvogel, der auf dem Gewässergrund nach Nahrung (Wasserinsekten, Kleinkrebse, Würmer) sucht. Wie der Zaunkönig, dem sie in der Gestalt ähnelt, singt auch sie gerne an sonnigen

Wintertagen. Trotz seines auffälligen, stahlblauen und rostroten Gefieders ist der Eisvogel, der auf einem Zweig am Ufer geduldig auf Fischchen lauert, leicht zu übersehen. Am besten wird man durch seine hohen, durchdringenden „ziht"-Rufe auf ihn aufmerksam.

Der seltene Raubwürger sitzt gerne auf einem Busch in gewässernaher Moorlandschaft und hält nach Mäusen und Kleinvögeln Ausschau.

Auf der Wasserfläche sieht man einige weniger gut bekannte Wasservögel: Die Haubentaucher halten sich oft in größerer Entfernung vom Ufer auf. Jetzt im Winter fehlt ihnen der auffällige Kopf- und Halsschmuck des Brutkleides. Die gedrungenen Enten im Vordergrund sind Schellenten, Brutvögel nordischer Seen, die den Winter bei uns verbringen. Sie tauchen häufig und erbeuten auf dem Gewässergrund Schnekken, Muscheln und Insektenlarven. Wenn diese Enten auffliegen, hört man deutlich das hohe Pfeifen ihrer Schwingen. Die großen und langgestreckten Gänsesäger sind ganz auf Fischnahrung eingestellt; mit ihrem langen, gezähnten Schnabel können sie ihre glitschige Beute gut festhalten. Unsere kleinsten Lappentaucher, die Zwergtaucher, übersieht man oft, da sie sich gerne in der Nähe des dicht bewachsenen Ufers aufhalten.

Die scheuen Birkhühner leben nur noch in wenigen Feuchtlandschaften. Ihre karge Winternahrung besteht aus Trieben und Knospen von Bäumen und Zwergsträuchern.

Leider werden sie immer wieder durch querfeldein laufende Menschen zu häufigen Fluchten gezwungen; dadurch verbrauchen sie oft ihre Kraftreserven vorschnell.

Ihre größeren Verwandten, die Auerhühner, sind nicht minder selten und gefährdet. Sie überstehen den Winter fast ausschließlich mit einer relativ energiearmen Kiefernnadel-Diät. Den Rauhfußkauz wird man auf einem Spaziergang kaum zu Gesicht bekommen. Er verschläft den Tag verborgen in dichten Bäumen; erst bei später Dämmerung geht er auf die Jagd nach kleinen Nagetieren, Spitzmäusen und Kleinvögeln.

Schon eher begegnet man einem Schwarz- oder Grünspecht. Beide Spechtarten ernähren sich überwiegend von Ameisen: Der krähengroße Schwarzspecht erbeutet mit Vorliebe die großen Roßameisen, indem er ausgefaulte Stämme und Baumstrünke aufhackt. Der etwas kleinere Grünspecht, der noch mehr auf Ameisennahrung spezialisiert ist, muß sich im Winter oft durch hohen Schnee zu den Ameisen graben. Der Habicht ist ein sehr vorsichtiger Überraschungsjäger, der hauptsächlich Säugetiere und Vögel fängt. Im Winter jagt er auch vermehrt in offener Landschaft.

Rauhfußkauz
Habicht
Auerhuhn
Schwanzmeise
Schwarzspecht
Grünspecht
Zwergtaucher
Wasseramsel

Birkhuhn
Raubwürger
Haubentaucher
♂
♀
Gänsesäger
♂
Schellente
♀
Eisvogel

Hilfreiche Adressen

In der BRD:

Deutsche Ornithologen-Gesellschaft
Senckenberganlage 25
6000 Frankfurt a. M.

Deutscher Bund für Vogelschutz/Deutscher Naturschutzverband eV
Am Hofgarten 4
5300 Bonn 1

Deutscher Jugendbund für Naturbeobachtung
Buchenstraße 18
2000 Hamburg 60

Institut für Vogelforschung „Vogelwarte Helgoland"
2940 Wilhelmshaven-Rüstersiel

Landesbund für Vogelschutz in Bayern
Kirchenstraße 8
8542 Hilpoltstein

Vogelwarte Radolfzell
7760 Radolfzell-Möggingen

In der DDR:

Vogelwarte Hiddensee
DDR-2346 Kloster auf Hiddensee

Zentraler Fachausschuß Ornithologie und Vogelschutz der Gesellschaft für Natur und Umwelt im Kulturbund der DDR,
Johannisstraße 2
DDR-1040 Berlin

In Österreich:

Österreichische Gesellschaft für Vogelkunde
Burgring 7
A-1010 Wien

In der Schweiz:

Ala
Schweizerische Gesellschaft für Vogelkunde und Vogelschutz
Krähenbergstr. 53
CH-2543 Lengnau

Schweizerische Vogelwarte
CH-6204 Sempach

Verband Schweizerischer Vogelschutzvereine
Fliederweg 2
CH-6438 Ibach

Weiterführende Literatur

BERGMANN, H.-H., H.-W. HELB: Stimmen der Vögel Europas. BLV Verlag, München 1982.

BEZZEL, E.: Mein Hobby: Vögel beobachten. BLV Verlag, München 1982.

BRUUN, B., A. SINGER, C. KÖNIG: Der Kosmos-Vogelführer. Kosmos-Verlag, Stuttgart, 7. Aufl. 1986.

JOREK, N.: Vogelschutz-Praxis. Herbig Verlagsbuchhandlung, München 1980.

LÖHRL, H.: Vögel am Futterplatz. Kosmos-Verlag, Stuttgart 1982.

LÖHRL, H.: So leben unsere Vögel. Kosmos-Verlag, Stuttgart 1984.

NICOLAI, J., D. SINGER, K. WOTHE: GU Naturführer Vögel. Gräfe und Unzer Verlag, München 1984.

PETERSON, R. T., G. MOUNTFORT, P. A. D. HOLLOM: Die Vögel Europas, Paul Parey Verlag, Hamburg u. Berlin, 13. Aufl. 1984.

THIELCKE, G.: Vogelstimmen, Springer Verlag, Berlin 1970.

Register

Lachmöwe
Graugans
Höckerschwan
Stockente ♀
Stockente ♂
Bläßhuhn
Graureiher
Steffen Walentowitz